DX 디지털 대전환 시대
AX 인공지능 대전환

AI Home x UI/UX

이정용·임재희 공저

프롤로그

2024년 초 전 세계 ICT 업계의 이목이 CES Consumer Electronics Show 가 열리는 라스베가스로 집중되었다. 매년 열리는 CES 행사에서 국내외 주요 기업들은 2024년 미래 성장의 트리거로 AI인공지능 를 특히 강조하였다. Chat GPT가 촉발한 글로벌 AI 전쟁은 이제 디지털 전환DX을 넘어 인공지능 대전환AX 시대로 패러다임 전환을 가속화하고 있어, AX AI Transformation 시대는 바로 본격화될 것이다.

우리나라는 너무나 급속도로 발전해 왔다. 남들이 3세대에 걸쳐 300년 동안 변화해야 할 속도를 그 3분의 1의 속도인 100년에 걸쳐 변화하다 보니 호롱불에서 생활하며 6·25를 겪은 세대부터 모바일 네이티브인 알파 세대까지 대한민국이라는 공간과 시간 속에 모두 한데 어우러져 살고 있다.

집이라는 공간을 중심으로 보자면 기와집, 초가집의 좌식 생활에서부터 벽돌로 지은 1~2층 양옥집을 거쳐 이제는 아파트가 대세가 된 시대를 살고 있다. 누군가는 아직도 기와집, 양옥집에서 아날로그적인 삶을 살고 있고, 누군가는 최첨단 AI가 제공되는 집에서 살고 있는 과도기적 시기를 살아가고 있다. 집은 우리가 살아가는 데 필수적인 3대 요소 중 하나로 아주 중요한 공간이다. 우리가 거주하는 집에 AI 기술이 도입되기 시작하면서 지금까지와는 다른 새로운 주거 환경이 펼쳐질 중요한 기점에 서 있다.

세대 간의 생활 방식도 AI 기술에 대한 이해의 폭도 다르지만, 우리는 이제 원하든 원하지 않든 새로운 주거 생활 양식에 빠르게 노출되면서 적응해 가게 될 것이다.

이런 시대 흐름에 맞춰 지난 10여 년 동안 홈 서비스를 기획하고 사업 모델을 만들면서 AX 시대를 맞아 홈 공간에 대한 이야기를 나누고 싶었다. 아날로그에서 스마트홈으로 그리고 AI가 더해진 AI Home까지, 그 트랜드와 기업들 간의 전략 그리고 실제 사용자가 이용하는 UI/UX까지 한번 정리를 해 보면 어떨까 하는 마음이 생겼다.

IT 업계에서 서비스를 직접 기획하고 운영하는 전문가들보다는 AX 시대에 새로운 일상이 될 홈 Home 공간에서의 변화를 궁금해하는 일반인들을 대상으로 내용을 공유하고 싶은 마음으로 프로젝트를 시작했다. 읽으시는 분들이 홈 Home 이라는 공간에서 앞으로 맞이할 새로운 주거 환경이 어떻게 변해 갈지 미리 알아보는 계기가 되었으면 하는 바람으로 챕터를 하나씩 기록해 나갔다.

이 책을 통해 AX 시대의 AI Home에 대해 한번 생각해 볼 수 있는 계기와 더불어 새롭게 맞이할 일상에 대한 기대감을 가져볼 수 있는 기회가 되었으면 좋겠다. 마지막으로 집에서 책을 쓰는 동안 함께 시간을 보내지 못한 것에 대해 인내해 준 사랑하는 가족과, 언제나 우리에게 영감을 불러일으켜 준 주위 동료들 그리고 이 책을 선택해 준 독자님께도 감사의 말씀드린다.

저자일동

목차

1장

AI Home 시대가
시작되다

AI Home 시대가 시작되다

떵동떵동…

누군가 집 앞에 찾아와 초인종을 누르면 인터폰으로 목소리를 확인하고 직접 밖으로 나가서 문을 열어 주었다. 주거 환경이 아파트 중심으로 확대되면서 공동 현관과 세대 현관의 초인종을 누르면 집 안에 있는 월패드를 통해서 방문자의 얼굴을 확인하고 문을 열어 줄 수 있게 되었다. 이후 스마트폰이 출시되고, 스마트폰 앱을 활용하여 집 안의 기기를 제어할 수 있는 서비스까지 나오면서 '스마트홈' 시대가 시작되었다.

1. 스마트홈Smart Home의 개념

스마트홈이란 집 안의 모든 기기가 연결되어 사용자가 원격으로 기기들을 제어하고 관리할 수 있는 집을 말한다. 스마트홈에서는 집 안에 있는 기기들이 통신 네트워크와 연결하여 스마트폰 앱과

AI 스피커스마트 스피커 등을 통해 집 안팎의 기기 제어 및 상태 관리를 할 수 있다. 스마트홈은 정보통신기술ICT의 발전과 함께 기업들이 서비스를 제공하기 시작하면서 일반 사용자들의 관심을 받기 시작했다.

스마트홈을 구성하는 요소는 기기, 센서, 컨트롤러허브 등이 있다. 스마트홈 환경을 구성하려면 연결할 수 있는 다양한 가전제품, 기기조명, 난방 스위치 등가 필요하고 집 안의 상태를 감지하는 센서온도, 습도, 조도, 가스, 침입 등와 그 데이터를 수집하고 기기들의 연결을 관리해 주는 컨트롤러가 필요하다.

이를 통해 집 안팎에서 원격으로 조명을 켜고 끌 수 있는 조명 시스템과 집 안의 온도를 조절하고 에너지 사용량을 모니터링할 수 있는 원격 제어 시스템, 집 전체를 모니터링하고 보호하기 위한 스마트 보안 시스템, 냉장고, 세탁기 등과 같은 스마트 가전제품을 원격으로 제어하는 스마트 디바이스 시스템 등 다양한 스마트홈 서비스를 제공할 수 있다.

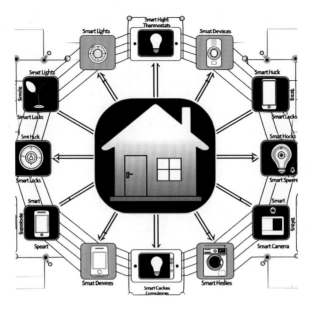

[그림 1-1] 스마트홈 이미지 출처: 생성형 AI 'Dall E'

스마트홈에서는 편의성 향상, 보안 강화, 효율성 향상의 이점이 있다. 사용자는 집 안의 조명, 온도, 보안 등을 제어할 수 있어서, 사용자가 집에 도착하기 전에 조명을 켜거나, 잠들기 전에 난방을 끄는 등 집안일을 더욱 편리하게 처리할 수 있고, 움직임이나 침입을 감지하여 사용자에게 알림 메시지를 전송해 집 안을 안전하게 보호할 수 있으며, 집 안 에너지 사용량을 모니터링하고 제어함으로써 에너지 소비를 줄이고 비용 절약을 통해서 효율성을 향상할 수 있다.

홈 서비스 시장은 초인종을 통해 방문자를 확인했던 아날로그 방식부터 월패드, 스마트폰 앱, 스마트 스피커 등을 통한 세대 내 기기 제어 및 모니터링이 가능한 스마트홈까지 계속 확장되어 왔다. 사물인터넷 IoT, 인공지능 AI, 빅데이터 Big Data 등 다양한 기술들의 통합을 통해서 계속 발전해 가며 사용자의 스마트 홈 생활을 더욱 편리하게 만들어 주는 방향으로 진화하고 있다.

구분	Analog Home	Smart Home		
	초인종	홈오토메이션	홈네트워크	홈IoT
내용	인터폰을 통한 방문자 확인	월패드를 통한 세대 내 기기 제어	월패드 및 스마트폰 앱 활용 집 안팎에서 원격 제어/모니터링	사용자가 직접 구매한 가전제품, 스마트기기 원격 제어/모니터링

[표 1-1] 스마트홈 진화 방향

2. 스마트홈 시장

스마트홈 시장은 코로나바이러스로 인해 사람들이 집에 머무르는 시간이 증가하면서 관심이 높아지기 시작했고, 집 안에서 편리하고 안전한 서비스를 제공받을 수 있다는 인식이 확산되면서 더욱 빠르게 성장하였다.

스마트홈은 해외 시장과 국내 시장으로 나눠 볼 수 있다. 글로벌 시장조사 업체 옴디아 Omdia 에 따르면, 해외 스마트홈 시장 규모는 2025년 기준 1,785억 달러약 234조로 예상하며, 독일의 스테티스타 Statista 도 2027년 2,229억 달러약 292조 수준에 이를 것으로 전망하고 있다. 나라별로 봤을 때는 미국이 40% 이상 시장 점유율을 차지하고 있으며, 중국, 유럽, 일본이 뒤를 따르고 있다. 국내 시장의 경우, 한국 AI 스마트홈 산업협회에서 조사한 결과에 따르면, 2021년 85조에서 2023년 약 100조 규모로 성장할 것으로 전망한다.

국내 스마트홈 시장은 스마트 가전, 스마트홈 에너지, 스마트홈 보안, 스마트홈 헬스케어 등으로 구분하고 있다. 스마트홈 시장은 빠른 성장세를 보이고 있는데, 그 성장 배경에는 디바이스의 확산, 네트워크 기술의 발전, 새로운 기술의 출현 등이 있다. 디바이스 기기 가격이 낮아지면서 소비자들의 진입 장벽이 낮아져 시장 확장을 촉진하는 계기가 되었다. 여기에 다양한 디바이스 제조사가 생기면서 스마트홈 기기 및 서비스를 이용할 수 있는 기회가 확대되고 있다.

서비스 이용을 위해 필요한 네트워크 기술의 발전 역시 스마트홈 시장의 성장을 촉진하는 핵심 요인이 되었다. 5G, WiFi 등 초고속 네트워크의 등장으로 스마트홈 기기가 원활하게 연결되고 데이터 전송이 가능해져 끊김 없는 서비스를 제공할 수 있게 되었다. 마지막으로 스마트홈 서비스에 인공지능 기술을 적용하여 가전 기기의 작동을 최적화하고, 사용자의 행동을 분석하고 예측하여 편의성을 향상할 수 있게 되었다.

다만 이런 성장성에도 불구하고 위협적인 요인도 병존하고 있다.

첫 번째로는 개인정보 보호에 관한 문제이다. 스마트홈 기기가 사용자의 개인정보를 수집 및 분석하는 과정에서 개인정보 보호의 문제가 발생할 수 있다. 두 번째는 보안 해킹에 관한 문제이다. 스마트홈 기기가 해킹을 당할 경우, 사용자의 개인정보가 유출되거나 가전기기 동작에 문제가 발생할 수 있다. 세 번째는 사용자의 이해도 부족에 관한 문제이다. 스마트홈 기기의 사용법을 사용자가 이해하지 못하면 서비스의 이용 확산에 제한이 될 수 있다.

스마트홈 시장은 성장성과 위험성이라는 양면의 상반되는 이슈가 있지만, 인구 고령화로 인해 편리하고 안전한 스마트홈 서비스가 계속 적용되는 추세에 있고, 더 많은 집에 스마트홈 기기가 설치되고 확산하고 있는 점 등을 미루어 볼 때 시장은 계속 성장할 것으로 예상된다.

─────── **3. 주거 환경에 따른 스마트홈 서비스의 특징**

사람들이 살고 있는 주거 환경은 공동 주택, 단독 주택으로 구분할 수 있다. 공동 주택은 아파트, 오피스텔, 빌라 등 한 건물에 여러 세대가 함께 거주하는 주거 형태이며, 단독 주택은 한 건물에 소수 세대만 거주하는 주거 형태이다. 공동 주택과 단독 주택에 적용되는 스마트홈 서비스는 환경에 따라 약간의 차이가 있다. 공동 주택은 건물 전체를 대상으로 통합적으로 관리되고 운영되는 공용부 시설과 각 세대별로 설치되는 세대부 시설로 나뉜다. 우리나라 '아파트'를 기준으로 살펴보면, 공용부는 엘리베이터, 공동 현관 출입문, 택배함, 주차 출입, 커뮤니티 시설 등이 있으며, 세대부에는 조명, 난방, 가스 제어, 개별 설치한 스마트홈 디바이스 기기 등이 있다.

아파트는 건축하는 시점부터 공용부와 세대부 시설을 연결하고 제어와 상태를 관리할 수 있는 홈네트워크 설치 공사를 통해 스마트홈 시스템을 구성한다. 세대부는 유선 통신 연결 방식으로 기기 간에 연결하고 월패드 장치를 통해서 관리할 수 있도록 한다. 이렇게 연결된 세대별 월패드는 아파트 단지의 중앙 관리 서버와 연결된다. 공용부는 각 공용부 설비에 대한 시스템 관리 서버를 아파트 관리사무소 안에 있는 방재실에 설치하여 관리하고 있다. 이렇게 네트워크로 연결되어 시공된 주거 설비에 사용자가 개별적으로 구매한 스마트 기기를 추가하며 스마트홈 서비스 제공 범위를 확대해 나가고 있다. 사용자는 설치된 기기들을 스마트폰 앱 또는 AI 스피커 등을 통해서 집 안팎에서 제어하거나 상태를 확인할 수 있다.

만약 아파트 시공 당시부터 설치된 스마트홈 시스템을 교체하고 싶다고 해도, 세대부, 공용부 시설에 대한 전체 교체는 구조적으로 쉽지 않다. 앞에서 언급했듯이 유선으로 세대별 기기가 연결되어 월패드에서 제어 및 관리를 하고 있고, 단지 중앙 서버에서 세대 월패드와 공용부 설비 시설들이 관리되고 있으므로 최초 설치된 시스템을 바꾸기는 어렵다. 이런 구조 변경에 대한 것은 정부에서도 관심 있는 사항이라 2023년에 '지능형 홈 정책' 발표를 통해서 설치 후 변경하기 어려운 비포마켓_{건설 당시부터 스마트홈 설비를 구축하는 방식} 중심에서 자유롭게 변경할 수 있는 애프터 마켓_{건설 이후 스마트홈을 구성하는 방식} 중심으로 확대하는 방향으로 논의하고 있다.

단독 주택의 경우 개인이 직접 스마트홈을 구성하는 경우가 많다. 개인이 필요로 하는 스마트홈 디바이스를 구매해서 연결하면 스마트폰 앱 또는 AI 스피커를 통해서 제어 및 상태 확인을 할 수 있다. 외국의 경우 단독 주택이 많다 보니 초인종, 열림 감지 센서 등 디바이스를 직접 구매해서 설치하고 관리하는 경우가 많이 있다.

이처럼 스마트홈 서비스는 주거 환경의 특성별로 약간의 차이가 있으므로, 각각이 환경에 따라 서비스 효과가 극대화되고 서비스의 질이 향상되는 방향으로 발전해 가야 할 것이다.

4. 국내 스마트홈 시장 환경

국내 주거 환경에서 아파트가 차지하는 비중이 높아지다 보니 스마트홈도 아파트 중심으로 확장하고 있다. 국내 스마트홈 시장이 계속 성장함에 따라 통신사업자, 가전사업자, 건설사 등 여러 분야의 주요 기업들이 스마트홈 시장에 진입하며 스마트홈 서비스를 출시하고 제공하는 기능을 강화하고 있다.

최초 스마트홈 서비스의 중심은 홈네트워크 설비를 제공하는 홈
네트워크사였다. 홈네트워크사들은 아파트 단지 내 공용부 시설
과 세대 내 월패드를 포함한 주거 설비 기기를 설치하고, 월패드
를 중심으로 제어할 수 있는 서비스를 제공했다. 이후 통신사업자
는 사용자가 직접 구매한 홈 IoT 기기들을 스마트폰 앱을 통해 제
어할 수 있는 서비스를 출시하였다. 통신사업자는 홈네트워크사
와의 연계를 통해 세대 내 주거 설비 기기와 사용자가 직접 구매
한 스마트 기기를 스마트폰 앱에서 통합적으로 제어할 수 있는 서
비스를 제공하기 시작하였다. 2016년 2월에 현대건설과 SKT는 현
대건설 힐스테이트 단지에 스마트홈을 적용하기로 협약하여, 단
지의 홈네트워크사인 현대HT와 연동 작업을 시작했다.

[그림 1-2] SKT 스마트홈 서비스 출처: SKT

2017년 KT에서는 AI 셋톱 스피커 기가지니를 출시하면서 음성 인식
인공지능 아파트 서비스를 출시했다. 스마트폰 앱으로 제어하는

방식에서 음성 인식을 통해서 세대부와 공용부 시설을 말로 제어
할 수 있는 차별화된 서비스를 선보였다.

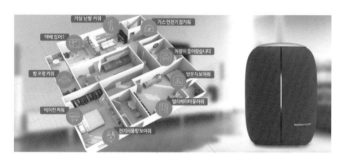

[그림 1-3] KT 인공지능기가지니 아파트 서비스 출처: KT

스마트홈 시장에 인지도 높은 통신사업자가 참여하기 시작하면
서, 스마트홈 서비스에 대한 인식이 높아지기 시작했고, 통신사업
자가 스마트홈 서비스를 제공하는 아파트 단지 수가 늘어나면서
건설사에서도 자체 서비스 개발에 관심이 커졌다. 삼성물산, 현대
건설, GS건설, 대우건설 등 국내 대표 건설사에서 스마트홈 서비
스를 출시하기 시작하였다. 건설사들은 스마트홈 서비스 제공하
면서 자신의 브랜드를 홍보하는 효과는 물론이고 주거 생활과 관
련된 데이터를 수집하여 향후 건축 설계에 반영하면서 경쟁력을
높이겠다는 전략적 판단이 있었다.

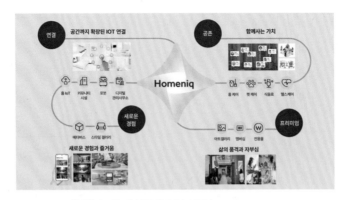

[그림 1-4] 삼성물산 홈닉 서비스 출처: 삼성물산

여기에 스마트 가전기기를 제조하는 삼성전자, LG전자도 아파트 단지 연동을 통해 사용자들에게 가전제품 구매에 관한 선택의 폭을 넓혀 주었고, 제품의 구매를 유도하기 위해 기능을 한층 업그레이드해 가고 있다.

2020년이 들어서면서부터 세대부의 기기 제어 중심에서 아파트 단지까지 서비스 제공 범위가 확장되고 있다. 아파트 단지를 차별화하기 위한 특화 서비스로 커뮤니티 시설이 강조되면서 스마트홈 사용자들도 단지 내 설치된 헬스장, 골프장, 도서관 예약과 차량 입차 관리 등 커뮤니티 시설과 연결된 기능에 관심이 높아지고 있다. 같은 단지에 살고 있는 주민들과 소통을 위한 단지 게시판, 주민투표, 중고 거래 등 커뮤니티 기능에 대한 이용도 늘어나고 있어 커뮤니티 시설을 이용하기 위한 다양한 기능들이 계속 추가되고 있다.

이처럼 여러 기업이 각자의 영역을 중심으로 사용자 편익을 증진할 수 있는 스마트홈 서비스 개발에 박차를 가하며 주도권을 잡기 위해 치열하게 경쟁하고 있다. KT는 스마트홈 서비스 선도 사업자로서 2024년 1월 기준으로 약 830여 개 단지, 60만 가구 이상에 서비스를 적용하고 있다. 삼성전자는 2023년 7월 말 기준으로 150여 개 단지, 12만 가구에 서비스를 제공하고 있고, 향후 신규 분양 민간 아파트 절반가량에 스마트 아파트 서비스를 구축하려고 계획 중이다. 또한, 삼성물산, 현대건설 등 자체 서비스를 보유하고 있는 건설사들도 매년 분양하는 단지에 스마트홈 기능을 적용하며 확대해 나가는 추세이다.

구분	회사	대표 서비스명
통신사업자	KT	기가지니 아파트
	SKT	누구 스마트홈
	LG U+	IoT@Home
건설사업자	삼성물산	홈닉
	현대건설&현대엔지니어링	HioT & The H
	GS건설	GS Space
	대우건설	푸르지오 스마트홈
	DL E&C	스마트 eLife & Acro Smart Home
가전사업자	삼성전자	스마트싱스(Smartthings)
	LG전자	씽큐(ThinQ)
플랫폼사업자	네이버	클로바 스마트홈
	카카오	카카오홈

[표 1-2] 국내 대표 스마트홈 서비스

스마트홈 서비스는 기능 확장뿐 아니라, 적용 이후 서비스 유지 관리 역시 중요하다. 스마트홈 서비스에 대한 앱스토어의 낮은 평점 내용을 보면 빈번한 시스템 오류, 느린 앱 구동 속도, 유지보수 관리 미흡 등의 이야기가 나오고 있는데, 이는 단순히 서비스를 오픈하는 것에만 신경 쓰고 오픈 이후 유지 관리에는 소홀한 결과이다. 서비스 제공사들은 사용자들의 서비스 개선 요청 사항에 대해서 계속 관리하고 업데이트해야 한다. 이러한 사용자들의 피드백을 외면한다면, 사용자는 서비스를 점점 이용하지 않고 결국 떠나게 될 것이다. 그동안 서비스 확장에만 관심 가졌던 서비스 제공사들은 이제부터는 실제 사용자들의 목소리를 반영하여, 더욱 유연하게 스마트홈 서비스를 제공할 필요가 있다.

——— 5. 스마트홈에서 AI Home으로 진화

인공지능AI, Artificial Intelligence 의 용어는 이제 일반인들에게도 익숙하다. 2016년 알파고Alphago 와 바둑기사 이세돌과의 바둑 대결 결과 알파고가 승리하였고, 이 대전을 통해 인공지능이라는 단어가 일반인들도 알 수 있을 만큼 우리 삶에 좀 더 밀접하게 다가오게 되었다. 최근 ChatGPT와 같은 생성형 AI가 출시되면서 사용자가 직접 인공지능 서비스를 실생활에 이용하면서 더욱 가깝게 느끼고 있다.

삼성전자는 신규 모바일폰 갤럭시S24 부터 스마트폰에서 AI 폰으로 전환을 강조하며 'AI' 브랜드를 상품에 도입하고 있다. 이제 휴대전화 안에 인터넷, 클라우드 연결 없이 기기 자체적으로 AI 기능을 구현하는 온디바이스 AI On-device 기술이 적용되면 휴대전화 사용자의 습관 등을 AI가 학습하여 개개인 맞춤형 서비스를 제공할 수 있는 환경으로 변화될 것이다. 연결이 끊긴 상태에서 완벽한 AI 기능을 사용할 수 없기에 클라우드 기반 AI 기능과 온디바이스 AI 기능을 모두 지원하는 하이브리드형 AI 폰 형태로 이뤄질 것이다. 휴대전화 AI 기술 적용을 시작으로 다양한 산업에 'AI'를 적용한 시장이 형성될 것으로 보이며, 스마트홈도 AI 기술이 접목된 "AI Home" 시장으로 진화하게 될 것이다.

음성 인식 Voice AI 에서 생성형 AI까지 확장

스마트홈 서비스의 주요 특징은 집 안의 기기를 스마트폰 앱을 통해서 제어할 수 있는 것이었다. 스마트폰 앱을 통한 터치 제어에서 AI 스피커를 통한 음성 제어까지 확대됨으로써 사용자가 더 편리하게 서비스를 이용할 수 있게 되었다. 음성 인식 기술도 정확도와 성능 향상, 자연어 처리 기술 적용 등 계속해서 발전해 나가기 시작했다. 소음, 다중 스피커 환경, 다양한 발음 등 여러 요인에 대응하여 정확하게 인식할 수 있도록 성능을 향상시켰고, 단순히 음성을 텍스트로 변환하는 것이 아니라, 자연어 처리 기술을 적용하여 말하는 사람의 의도를 파악할 수 있다. 이를 통해 음성 인식 기술을 더욱 편리하고 유용하게 사용할 수 있게 되었다. 최근 생성형 AI에 대한 전 세계적인 관심이 집중되면서 여러 분야에서 AI가 적용되기 시작했다. 생성형 AI는 텍스트, 이미지, 음성 등 새로운 콘텐츠를 생성할 수 있는 인공지능 기술의 한 분야로 대규모 데이터를 기반으로 새로운 콘텐츠를 스스로 만들 수 있다.

[그림 1-5] Open AI 사의 Chat GPT 출처: 로이터

생성형 AI와 음성 인식 기술이 만나서 음성을 텍스트로 변환시킨 뒤 생성형 AI를 사용하여 음성 합성, 음성 번역, 음성 콘텐츠 생성 등 다른 형태의 콘텐츠를 활용한 다양한 서비스 제공이 가능하다.

이 두 기술Voice AI와 생성형 AI을 접목하여 스마트홈 서비스에 적용한다면 집 안 구성원별 목소리 인식을 통해서 각각에 맞춘 개인화 서비스 제공이 가능할 것이며, 응답하는 목소리도 음성 합성을 통해서 본인의 목소리가 흘러나오게 할 수 있을 것이다. 또한 남자, 여자, 노인, 아이 등 연령별 목소리 음성 분석을 통해서 원하는 타입의 목소리도 나오게 할 수 있다.

목소리 분석을 통한 개인화 맞춤형 서비스로의 확장은 개인별 제공하는 정보에 맞춰 광고 등도 붙일 수 있고, 목소리 상태에 따른 건강 관리 가이드도 안내해 줄 수 있을 것이다. 음성 인식 기술과 생성형 AI 기술 연계를 통해 단순 제어 위주의 스마트홈 서비스에서 한 단계 업그레이드된 서비스 제공이 가능한 환경으로 발전해 나갈 것이다.

매터Matter의 등장

스마트홈 서비스 확장에 중요한 요소 중의 하나는 다양한 기기를 연결하여 사용하는 것이다. 연결되어 있는 기기가 많을수록 사용자는 다양한 경험을 할 수 있다. 그동안 스마트홈은 기기 제조사 간 본인들이 가지고 있는 호환 기준에 맞춘 서비스 연동 방식만 제공했다. 예를 들어 집에 삼성전자 가전기기와 LG전자 가전기기가 있을 때, 하나의 앱에서 두 제조사의 기기를 연결하여 제어할 수 없어서, 각 제조사별 모바일 앱을 내려받아 연결하여 사용할 수밖에 없었다. 그 이유는 기업별로 가지고 있는 연동 규격에 맞춰 제품을 출시했기 때문이다.

하지만 이런 폐쇄적인 연결 구조에서 이제 개방형 구조로 전환하고 있고, 그 중심에 CSA Connectivity Standards Alliance 의 매터가 있다. CSA는 사물인터넷 및 스마트홈 시장이 확장되는 흐름에 맞춰 이전 Zigbee Alliance에서 CSA로 브랜드를 변경한 글로벌 스마트홈 비영리 조직으로, 매터는 CAS에서 만든 스마트홈 기기에 대한 공통 표준 양식이다.

매터는 매터 스마트홈 컨트롤러를 탑재한 디바이스와 저전력 메시 네트워크 표준인 쓰레드Thread 및 WiFi, BlueTooth 등을 통해 스마트홈 장치를 연결하고 통신하는 구조로 되어 있다. 스마트홈 제조사가 매터 표준 양식에 맞춰 개발하면 디바이스 간 연결이 수월해져, 그동안 스마트홈 확산의 문제점으로 지적되었던 상호 호환성 부족의 문제를 해결할 수 있으며, 이를 통해 스마트홈 서비스 시장의 확산을 촉진할 수 있을 것이다.

[그림 1-6] CSA 홈페이지 중 매터 소개 출처: CSA

매터 스마트홈 표준은 다양한 제조업체의 스마트홈 기기 간의 통신을 단순화하고 개선하면서, 통합 IPInternet Protocol 기반 연결을 통해 원활하게 상호작용할 수 있도록 한다.

스마트홈 시장에서 매터를 통한 목표는 총 4가지로 이야기할 수 있다.

첫 번째, 상호 운용성 Interoperability 이다. 매터는 다양한 제조업체 구글, 아마존, 삼성전자 등 의 스마트홈 장치가 각 개별 브랜드에 상관없이 원활하게 작동하는 것을 목표로 한다. 즉 조명 제조사가 만든 스마트 조명은 호환성에 문제없이 타사의 모바일 앱 또는 AI 스피커로 제어할 수 있게 하여 사용자 경험을 단순화하면서 쉽게 연결할 수 있도록 한다.

두 번째, 신뢰성과 보안 Reliability and Security 이다. 보안은 매터의 중요한 영역이며 안전하고 안정적인 연결을 우선시한다. 강력한 암호화 및 인증 프로토콜을 통해 무단침입으로부터 사용자 데이터, 개인정보 및 장치를 보호하는 저전력을 적용하여 네트워크 안정성을 향상시킬 수 있다.

세 번째, 개방성과 확장성 Open and Scalable 이다. 매터는 오픈 소스 기반으로 다양한 스마트홈 기기 제조사가 매터를 수용하면 센서, 스마트 스피커, 가전제품 등과 같은 기기에 확장 적용할 수 있다. 이를 통해 다양한 기기 간의 연결을 통해 새로운 서비스를 제공할 수 있기 때문에 기기뿐 아니라 서비스 제공 범위의 확장까지 촉진할 수 있는 계기가 된다.

네 번째, 선택과 유연성 Choice and Flexibility 이다. 매터를 사용하면 제조사나 브랜드에 상관없이 가장 적합한 스마트홈 장치를 선택할 수 있다.

매터는 스마트홈 시장의 새로운 표준으로써 다양한 기업들이 활용하기 쉽게 하기 위해 지속적인 업데이트 버전이 나오고 있다.

현재 매터 1.2 버전까지 출시 되었다. CSA에서는 매터 1.0 버전을 출시하면서, 1년에 2회 이상 업데이트 버전을 발표하겠다고 했는데, 현재까지는 그 기준에 맞춰서 진행되고 있다.

버전	출시일	주요 내용
매터 1.0	22년 9월	다양한 무선 프로토콜(Wi-Fi, Thread, Bluetooth 등)을 단일 프로토콜 통합 보안, 확장성 강화 및 소규모 제품군 대상으로 우선 적용
매터 1.1	23년 6월	향상된 보안, 기능(배터리로 작동하는 기기 지원 등) 강화 추가 개발자 경험 개선(규격 명확화), 인증 프로세스 간소화
매터 1.2	23년 10월	9가지 새로운 유형의 연결 장치 지원 매터 1.0 버전 발표 이후 1년 만에 추가 업데이트

[표 1-3] 매터 버전별 주요 내용

매터 표준에 관심이 많은 기업은 구글, 아마존, 애플, 삼성전자, LG전자 등과 같은 글로벌 IT, 가전사뿐만 아니라 스마트홈 기기를 생산하는 스타트업, 가구를 판매하고 있는 이케아까지 스마트홈 공간에서 제품, 서비스 등을 제공하는 여러 분야의 기업들로 폭넓다. 이케아의 경우 디리게라 DIRIGERA 스마트 제품 허브와 홈 스마트 앱을 출시하여, 매터로 기기들을 연결하여 서비스를 이용할 수 있도록 했다. 이케아는 직관적이고 간단한 스마트홈 솔루션을 제공하여 자사의 제품을 구매한 사용자들이 스마트홈 환경을 갖추고 편리한 홈 생활을 누릴 수 있도록 지원하고 있다.

구글, 아마존, 애플의 경우 각 사가 보유한 스마트 스피커 등을 통해서 매터를 적용한 디바이스들끼리 연결 및 제어를 할 수 있도록 각 사 플랫폼의 기능 업데이트를 완료하였다. 삼성전자, LG전자도 앞으로 역시 출시되는 가전에 매터 탑재를 통해서 기기 연결이 확장되는 기반을 만들어 가고 있다.

향후에는 매터 표준이 적용된 연결 기기가 시장에 더 많이 확대될 것으로 예상되며, 소비자들은 다양한 기기들을 매터로 통합하여 사용할 수 있게 될 것이다. 또한, 매터가 적용된 기기들이 확산됨으로써 사물인터넷IoT 시장에서 새로운 서비스 기회가 창출될 것으로 예상된다. 2023년 3월 한국에서 CSA 정례 회의가 열렸고, 이 회의에서 삼성전자, LG전자는 매터를 통한 각 사의 전략을 발표하였다. 국내 대표 기업들이 매터에 관심을 가지고 확대하려고 하는 만큼 당분간 매터 표준에 관한 관심은 계속될 것이다. 매터가 적용된 모든 스마트홈 기기와 플랫폼을 연결해서 글로벌 스마트홈 생태계를 구축하고자 하는 CSA 목표에 맞춰 현재까지 50여 개 기업, 750개 제품 및 서비스가 인증하였는데, 그 적용 속도는 점점 더 빨라질 것이다.

AI Home의 시대로

기술의 발전과 사업 모델의 변화를 통해 산업도 진화하게 된다. 홈 시장 역시 인공지능 기술을 기반으로 스마트Smart홈에서 인공지능AI 홈으로 시대적 흐름에 맞춰 한 단계 성장할 것이다. AI Home 시장은 AI 기술의 발전과 함께 빠르게 성장하고 있다. AI 기술 활용을 통해서 집 안에서 사용자의 행동 패턴을 분석하고, 그 상황에 맞는 환경을 최적화할 수 있다. 사용자가 집에 도착하는 시간에 맞춰 미리 냉난방을 설정해 두거나, 사용자가 잠들기 전에 조명을 자동으로 꺼질 수 있게 설정하고, 개선된 음성 인식 기술을 바탕으로 단순하게 단답형 대화하는 형태가 아니라, 실제 대화하는 수준으로 업그레이드되어 집 안의 집사가 있는 것처럼 느끼게 될 것이다.

또한, AI 기술을 활용하면 연결된 가전기기들의 효율성을 높일 수 있고, AI 알고리즘을 통해 냉장고, 에어컨의 온도를 최적화하는 등 에너지 소비를 절감할 수 있게 해 줄 것이다.

AI 기술이 모든 것을 당장 이루게 해 준다는 것은 아니지만, 적어도 기술을 한 단계 진일보하게 하는 원동력이 되고 있다. 기기 연결 방식을 살펴봐도 기존에는 각 기업이 출시한 기기만 연동되는 구조였다면 앞서 언급한 매터 방식을 통해서 여러 디바이스 제조사가 매터 표준 방식으로 자연스럽게 연결되는 개방형 방식으로 변화하고 있고, 음성 인식 기술도 생성형 AI 기술을 접목하여 더 편리한 서비스를 제공하기 위한 고민을 계속해 나가고 있다. 집이라는 공간이 AX 시대를 맞이하여 기존의 스마트홈에서 AI Home으로 진화하는 것을 기대해 볼 수 있을 것이다.

2장

국내외 기업의
AI Home 전략

국내외 기업의 AI Home 전략

1. CES 2024 in AI Home

매년 1월 초 미국 라스베이거스에서는 CES Customer Electronics Show 가 열린다. 전 세계 기업은 이 전시회에 맞춰 최신 제품 및 서비스를 준비한다. 2024년 CES의 주제는 'All Together All On 모두를 위한 모든 기술의 활성화'이라는 슬로건으로 인류의 문제들을 기술을 통해 해결하고 우리의 삶을 편리하게 만들어 나가자는 의미를 담았다. 전시회 시작 전 CES 2024의 5개 주요 테마 인공지능, 모빌리티, 푸드&에그테크, 헬스&웰니스테크, 지속 가능성과 안보 를 선정하였고, 각각의 테마에 맞춰 다양한 기업들은 자사의 제품과 서비스를 선보였다.

[그림 2-1] CES 2024 슬로건 출처 : CES 2024 웹사이트

이 중 가장 돋보였던 분야는 바로 인공지능 AI였다. 전시회 주최사인 CTA 회장 게리샤 피로 Gary Shapiro 는 "AI 기술이 스마트홈, 모빌리티 등 모든 산업영역에서 혁신을 불러일으킬 것"이라며 AI 기반 제품들에 높은 관심과 기대에 관해 이야기했다. 2023년부터 생성형 AI에 관심이 커졌기 때문에, 2024년 전시회에 참관한 기업들은 AI와 접목한 서비스를 주요 아이템으로 출품했다. CES 기조연설에 참가한 기업 지멘스, 로레알 등 들도 "AI가 각 기업 비즈니스 산업을 바꿀 수 있을까?"라는 주제로 발표를 진행했다. 국내 대표 기업들도 전시회에 참가하여 AI 기술을 활용한 스마트홈, 모빌리티, 로봇 등 우리 생활과 밀접하게 연관된 산업에서 활용할 수 있는 서비스를 전시하였다.

AI Home 분야에서는 삼성전자, LG전자가 동시에 홈 로봇 제품을 출품했고, 일상생활에서 자연스럽게 AI 서비스를 이용할 수 있는 기능을 선보였다. 특히 삼성전자는 'AI For All'이라는 슬로건을 바탕으로 AI Home 분야의 제품들을 전시했는데, 그중 테슬라와 협업한 모델이 눈에 띄었다. 삼성전자에서 제공하는 '스마트싱스 에너지 에너지 사용관리 플랫폼'는 테슬라의 태양광 패널, 파워월 가정용 저장장치 등과의 협업을 통해 모바일앱에서 전력량을 모니터링하고 관리할 수 있다. 정전 등 이상 상황이 발생할 경우 스마트싱스 내 '인공지능 AI 절약 모드'를 동작시켜 연결된 가전제품에 대한 소비전력을 효율화시켜 사용 시간을 늘려주도록 설계했다.

이처럼 CES AI Home 분야에서는 기업 간의 스마트홈 서비스 협업 모델을 사용자들이 전시장에서 직접 눈으로 확인할 수 있었다. 또한, 집 화장실 내 소변기에 측정 기기를 설치하여, 병원에서 받은 소변검사 수준의 건강 정보를 받을 수 있는 서비스, 아기 수면용 침대 내 센서를 부착하여 숙면 여부를 체크해 주는 서비스 등 집 안에서 헬스케어와 연관된 스타트업 기업 제품 및 서비스도 확인할 수 있었다.

CES 2024에서는 대기업, 스타트업 관계없이 AI Home 분야에서 AI 기술이 접목된 다양한 제품과 서비스를 선보이며 AI에 관한 관심이 계속 커지고 있음을 보여주었다. 이번 장에서는 기업마다 진행하고 있는 AI Home 분야의 제품 및 서비스들과 국내 정부가 추진 중인 AI Home 정책 방향까지 함께 살펴보고 향후 AI Home 사업 전략 방향에 대해서 생각해 보는 기회를 가져 보고자 한다.

2. 글로벌 기업 스마트홈 전략

아마존Amazon

아마존은 1994년 7월, 제프 베조스 Jeff Bezos가 설립한 회사이다. 아마존의 처음 사업 모델은 인터넷 서점인 전자상거래 분야였다.

베조스는 당시 인터넷의 성장 가능성을 주목하고 인터넷에서 책을 판매하는 사업을 구상했고, 1995년 7월, '온라인 서점 아마존닷컴 amazon.com'으로 서비스를 시작했다. 책의 재고는 보유하지 않고 주문 발생 시 도매사로부터 책을 구입하여 고객에게 배송하는 방식으로 사업을 시작하여 나스닥에 상장하고, 음악, 비디오 등 사업 분야로 계속 확장시켰다.

2000년대 들어서는 클라우드 컴퓨팅 서비스인 '아마존 웹 서비스 Amazon Web Service'를 출시했다. AWS는 기업이 필요로 하는 데이터센터를 구축해 주고, 센터를 운영하는 비용을 절감해 주는 클라우드 서비스로 아마존의 새로운 성장 동력이 되었다. 이를 통해 현재 세계에서 가장 많이 사용하는 클라우드 컴퓨팅 서비스가 되었다. 이후 아마존은 전자책 디바이스 '킨들 kindle', 온라인 스트리밍 서비스 '아마존 프라임 Prime' 등의 디바이스와 서비스를 출시하고 있으며, 인공지능 분야에서는 음성으로 다양한 명령을 수행하는 '알렉사 Alexa'를 통해 스마트홈을 적극 공략하고 있다.

또한 미래에 대한 적극적인 기술 투자를 바탕으로 무인 매장 '아마존 고 Go', 로봇 배송 서비스 '아마존 스카우트 Scout', 홈 로봇 '아마존 아스트로 astro' 등 인공지능, 로봇공학 등 다양한 분야에서 혁신을 주도하고 있다.

년도	1995년	2000년	2010년	2013년	2017년	2021년	2022년
주요 내용	아마존 닷컴 서비스 시작	아마존 웹서비스 (AWS) 출시	킨들	아마존 프라임	알렉사	아스트로	스카우트
설명	온라인 서점	클라우드 컴퓨팅	전자책 단말기	온라인 동영상 스트리밍	인공지능 음성 인식 비서	홈 비서 로봇	로봇 배송 서비스

[표 2-1] 아마존의 연도별 주요 상품&서비스

아마존의 2023년 매출은 약 5,700억 달러_{약 708조}로 전 세계 200개 이상의 국가에서 사업을 운영 중이며, 스마트홈 분야에서는 알렉사 기반의 스마트홈 디바이스 '에코&에코쇼', '아마존 헤일로_{헬스케어 디바이스}' 등의 제품과 서비스를 출시하여 사용자가 집 안에서 편리하게 즐길 수 있는 스마트홈 라이프를 만들어 나가는 중이다.

① 아마존 알렉사&에코Amazon Alexa & Echo

아마존 알렉사는 아마존이 개발한 인공지능 기반 음성 비서 플랫폼이다. 알렉사는 사용자의 음성 명령을 이해하고 실행할 수 있으며, 스마트홈 기기 제어, 음악 재생, 날씨 정보, 뉴스 읽기 등 다양한 작업을 수행할 수 있다. 2014년 11월 아마존은 알렉사를 탑재한 음성 인식 디바이스인 '아마존 에코'를 출시했다.

아마존 에코의 기술은 하드웨어에서 이루어지는 음성 인식, 자연어 처리 구조, 아마존 클라우드AWS에서 처리하는 검색과 머신러닝 등의 구조로 되어 있다.

하드웨어는 에코의 모든 기능을 제어할 수 있는 프로세서, 사용자가 말하는 소리를 인식하고 디지털 신호로 변환해 주는 음성 인식 칩, 음성 인식 칩에서 변환된 디지털 신호를 소리로 출력하는 스피커, 사용자가 말하는 목소리를 녹음하는 마이크 등으로 구성되어 있다.

아마존 클라우드에서는 알렉사를 통해 인입된 사용자 요청에 대한 정보를 검색하는 검색 기능과 사용자의 요청 패턴을 분석하고 학습하여 사용자의 요구를 정확하게 파악하는 머신러닝 구조로 되어 있다.

음성 분석을 통해 사용자의 음성을 문자열로 변환하고, 자연어 처리를 통해 사용자 요청에 대한 정보를 제공한다.

[표 2-2] 아마존 에코&에코닷 출처: amazon

아마존 에코의 음성 인식 프로세스는 사용자가 음성 명령을 내리면 에코에 내장되어 있는 마이크가 사용자의 음성을 녹음하고, 프로세서가 음성을 인식하여 아마존 클라우드로 전송하며 처리한다. 사용자가 에코에게 "오늘 날씨 어때?"라고 질문하면, 에코는 사용자 음성 명령을 이해하고 클라우드에서 날씨 정보를 검색하여 정보를 알려준다. "기분 좋은 노래 틀어줘"라고 말하면, 클라우드에서 사용자의 선호도에 맞는 음악을 재생한다. 아마존 에코에서 제공하는 기능은 음악 재생, 뉴스, 날씨, 교통 정보, 알람, 타이머, 쇼핑, 예약 등이 있으며, 홈 IoT 기기를 연결하면, "조명 켜줘", "온도 올려줘"와 같은 스마트홈 기기 제어 기능까지 확장된다.

아마존은 음성 인식 기술, 자연어 처리 기술, 클라우드 컴퓨팅 기술 등을 계속 개선해 나감으로써 에코의 기능과 성능을 향상시켜 나가고 있다. 에코의 성공은 AI 스피커의 퍼스트 무버로써 스마트홈 시장에 음성 인식 기술을 접목하는 신호탄이 되었다. 이를 토대로 아마존은 스마트홈 시장을 공략하기 위한 다양한 제품을 출시하기 시작했다.

② 아마존 대시 버튼Amazon Dash Button

2015년 6월 아마존은 '아마존 대시 버튼' 제품을 출시했다. 대시 버튼은 구매할 제품의 브랜드나 회사 이름이 인쇄되어 있는 하드웨어 기기로써 원클릭 쇼핑 서비스를 제공했다. 소비자가 자주 구매하는 제품을 한 번의 버튼 클릭으로 주문할 수 있는 서비스로서 집 안에서 제품을 쉽게 구매할 수 있도록 하여 편리한 아마존 스마트홈 라이프를 누릴 수 있게 도와줬다.

아마존 대시 버튼은 소비자가 집 안의 원하는 공간에 부착하고 버튼을 누르면 해당 제품을 자동으로 구매해 주었다. 물, 세제, 기저귀 등 자주 구매하는 생활필수품들에 맞춰 아마존 대시 버튼이 출시되어 소비자들은 제품을 찾거나 그때그때 주문하는 번거로움을 줄일 수 있었다.

[그림 2-2] 아마존 대시 보드 출처: amazon

아마존 대시 버튼은 '소비 편리성 향상', '고객 충성도 강화', '데이터 수집 및 분석'을 위한 제품으로 활용했다.

소비 편리성 향상 측면에서, 소비자가 자주 구매하는 제품을 한 번의 버튼 클릭으로 주문하게 함으로써 소비자가 제품을 찾거나 주문하는 번거로움을 줄이고 편리하게 쇼핑할 수 있도록 하였다.

고객 충성도 강화 측면에서는 대시 버튼을 이용하여 제품을 구매하는 빈도가 증가하면 자연스럽게 아마존 서비스를 이용하는 횟수와 더불어 긍정적인 이미지 형성에도 도움이 되었다.

데이터 수집 및 분석 측면에서는 소비자가 대시 버튼을 누를 때마다 제품과 주문 정보를 기록할 수 있어 소비자의 소비 패턴을 분석할 수 있고, 더 나아가 마케팅 및 상품 개발을 위한 자료로 활용되었다. 소비자의 제품과 주문 정보에 대한 이력 수집이 지속되면서 개인정보 및 사생활 침해 논란 등의 이슈가 발생되어, 아쉽게도 2022년 7월 아마존 대시 버튼 서비스는 종료되었다.

하지만 스마트홈 관점에서는 사용자에게 편리함을 주는 서비스로서의 가치가 있었다는 점에서 그 의미가 있다.

③ 아마존 에코 쇼Amazon Echo Show

아마존은 에코 출시 이후 기술을 계속 발전시켰다. 에코의 음성 명령 인식, 음성 인식 기반 검색, 제어 정확도, 의미 분석, 문맥 이해, 답변 내용 등 자연어 처리 능력 및 클라우드 기술 등을 지속적으로 향상시켰다. 2017년 6월, 단순히 스피커 디바이스로만 사용되었던 아마존 에코가 디스플레이 화면과 만나서 터치스크린이 되는 '아마존 에코 쇼'로 한 단계 진화했다. 화면이 없어서 불편하다는 사용자의 요구가 반영되어 알렉사의 기능을 더욱 직관적으로 사용할 수 있게 되었다.

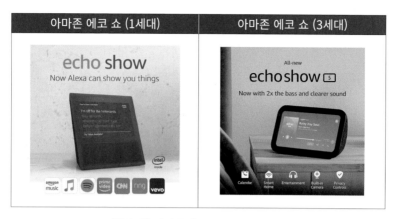

| 아마존 에코 쇼 (1세대) | 아마존 에코 쇼 (3세대) |

[표 2-3] 아마존 에코 쇼 출처: amazon

에코 쇼에는 7인치 터치스크린을 탑재하였고, 음악감상, 날씨 확인, 뉴스 및 정보 검색 기능들을 화면으로 제공하였다. 에코 쇼 출시를 계기로 아마존은 '스마트홈 기기' 제어 기능을 강화하였다. 화면이 있는 디바이스였기에 집 안의 조명, 온도, 보안 시스템 제어 및 상태 확인을 스크린을 통해 편리하게 할 수 있게 되었다. 2023년까지 7세대 10인치 모델이 출시되어 계속 판매되고 있다.

에코 쇼의 스마트홈 전략은 3가지로 생각해 볼 수 있다.

첫 번째는 화면 디스플레이를 활용한 스마트홈 기기의 직관적인 제어를 통해 느낄 수 있는 편리함이다. 에코 쇼를 통해 집 안의 연결된 스마트홈 기기를 화면을 보면서 터치하여 제어할 수 있다.

두 번째는 스마트홈 기기 연동을 통한 자동화 루틴 생성 및 홈 경험의 향상이다. 에코 쇼를 통해 다양한 아마존 서비스와 연동하여 필요한 기능을 묶어서 루틴을 만들어 자동화할 수 있고, 아마존 프라임 비디오를 시청하면서 스마트 TV에서 조명을 조절할 수 있다.

세 번째는 사용자를 아마존의 생태계에 계속 참여하게 만드는 것이다. 아마존은 자사의 서비스와 제품을 홍보하거나 판매하는 플랫폼으로 활용하여 아마존 프라임 비디오, 뮤직 등을 이용할 수 있다.

아마존은 이러한 전략에 집중하여 에코 쇼를 스마트 스피커 시장의 리더로 명명하고 지속해서 혁신을 만들어 나가고 있으며, 2023년 3월 기준 전 세계에서 2,000만 대 이상의 에코 쇼가 판매되고 있다.

④ 아마존 엠비언트Amazon Ambient의 시대 개막

2018년 아마존 리마스re:MARS 컨퍼런스에서 당시 아마존 최고 기술 책임자인 앤드류 제시Andrew R. Jassy는 '엠비언트 인텔리전스ambient intelligence'라는 용어를 이야기했다. 앤드류 제시는 엠비언트 인텔리전스에 대해 항상 켜져 있고, 듣고 있고, 이해할 수 있는 기술로 설명하면서, 사용자와 기술이 상호작용하는 방식을 언급했다.

컨퍼런스에서 앤드류 재시는 엠비언트 인텔리전스의 핵심 요소로 3가지를 이야기했다.

첫 번째는 시각적 정보이다. 스마트 스피커의 디스플레이를 통해서, 사용자에게 날씨, 뉴스, 교통 정보 등 직관적인 경험을 제공할 수 있다고 했다.

두 번째는 자연스러운 상호작용이다. 사용자의 행동을 파악하고, 상황에 따라 적절한 정보를 제공하거나 기기가 스스로 기기를 제어할 수 있다고 말했다.

마지막으로 개인화된 경험이다. 사용자의 선호도와 필요 요소를 파악하여 개인화된 경험을 제공할 수 있다고 설명했다.

이후 2021년 아마존 CEO인 제프 베조스는 '아마존의 미래'라는 제목의 블로그를 게시하면서 앰비언트 인텔리전스를 다시 언급했다. 이 기술은 사용자가 상호작용을 하지 않아도 아마존이 사용자의 필요를 예측하고, 선호에 맞춰 조정하는 환경을 제공함으로써 "기술을 보다 유용하고 편리하면서 직관적으로 만드는 것"이 목표라고 언급했다.

아마존 앰버언트의 주요 전략은 주변 환경과 조화를 이루는 기술로 사용자에게 편리하고 자연스러운 경험을 제공하는 것이다. 알렉사 가드Alexa Guard는 사용자가 집을 비울 때 자동으로 카메라를 활성화하고, 루틴즈Routines는 사용자의 일정에 따라 집 안 환경을 조절해 준다. 기존에 모바일앱을 통해 제어와 상태를 확인하는 것을 넘어서 음성 명령이나 제스처와 같은 자연스러운 상호작용만으로도 알아서 루틴화할 수 있다.

아마존 앰비언트 전략을 통해 사용자의 삶을 보다 편리하고 효율적으로 만들어 주고 사용자와의 관계를 친밀하게 유지해 주면서, 아마존의 기술 생태계를 계속 확장시키는 계기가 될 수 있다.

앰비언트 서비스 적용을 통해 다양한 측면에서 효과를 고려해 볼 수 있다. 사용자의 삶을 편리하게 해 주는 측면에서 앰비언트 기술은 사용자가 집에 도착하면 자동으로 조명이 켜지고, 집에서 있었던 일들이 안내되고, 사용자가 침대에 누우면 자동으로 취침 모드로 전환해 준다.

사용자와의 관계를 친밀하게 하는 측면에서는 사용자가 좋아하는 음악, 뉴스를 자동으로 재생해 주거나, 관심 있는 정보를 제공할 수 있다. 마지막으로 기술 생태계 확장 측면에서는 아마존의 다양한 제품과 서비스를 연결할 수 있으며 새로운 비즈니스 모델을 창출하는 데 도움이 될 수 있다.

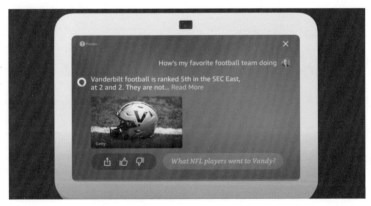

[그림 2-3] 아마존 앰비언트 서비스
"Introducing Amazon's Latest Devices and Services 2023" 출처: 유튜브

기술을 보다 유용하고 편리하게 만들어 궁극적으로 사용자가 더 중요한 것에 집중할 수 있는 라이프 스타일이 아마존이 추구하는 앰비언트 전략이 아닐까 생각한다.

⑤ 아마존 헬스케어 서비스 확장

아마존은 집 안에서 수면의 질을 모니터링하는 기기인 '헤일로 라이즈Halo Rise'를 2022년 9월에 출시했다. 헤일로 라이즈는 침대 옆에 놓는 스탠드형 기기로 비접촉식 센서를 사용하여 사용자의 수면 상태를 모니터링할 수 있다. 센서는 사용자의 호흡 패턴, 움직임, 방의 온도, 습도, 밝기 등을 측정하여 수면 단계, 질, 부족 정도 등을 분석한다.

헤일로 라이즈는 Amazon Halo 앱과 연동하여 사용할 수 있다. Halo 앱은 사람들의 건강을 잘 관리할 수 있도록 아마존에서 만든 모바일 앱으로 수면 데이터를 확인하고, 사용자의 수면 습관을 개선할 수 있게 조언해 준다. Halo 앱은 심박수, 수면 패턴, 활동 수준, 피부톤 등 다양한 건강 데이터를 추적하여 사용자의 건강 상태를 스스로 파악하고 개선할 수 있게 한다. 여기에 추가로 일일 걸음 수, 수면 시간, 스트레스 수준 등 건강 목표를 설정할 수 있고, 건강 데이터를 분석하여 더 나은 건강 상태를 위해 개선해야 할 부분을 추천 및 관리해 줄 수 있다.

[그림 2-4] 아마존 헤일로 라이즈 출처: amazon

헤일로 라이즈는 아마존 에코 및 에코 쇼 디바이스와 연결되어 데이터를 확인할 수 있다. 특히 화면이 있는 에코 쇼와 연동을 통해서 데이터를 편리하게 확인하고 건강을 개선하기 위한 방법 등을 공유받을 수 있다.

이제 스마트홈 생활에 헬스케어까지 연동하여 서비스 제공 범위를 확장하고 헬스케어 서비스의 데이터를 스마트홈에 활용할 수 있게 되었다. 예를 들어 아마존 헤일로 앱을 통해 수집된 개인 수면 패턴, 활동 수준 등 다양한 건강 데이터가 스마트홈 기기와 연결되어 사용자의 건강 상태에 맞춰 조명, 공기청정기 등을 조정해 줄 수 있고 알렉사를 통해 사용자의 건강 상태 정보를 의료 전문가에게 연결해 주는 기능도 제공할 수 있다. 아마존 스마트홈에 살고 있는 사용자는 자신의 건강 상태를 더욱 편리하게 관리하고, 건강을 개선하는 데 도움을 받을 수 있을 것이다.

⑥ 아마존 맵 뷰Map View 서비스와 벽면 에코 디바이스

2023년 11월, 아마존 알렉사 앱 내 스마트홈 기능 중 '맵 뷰' 옵션을 추가한다고 발표했다. 이는 2024년 초 아마존 에코 허브에 도입되는 새로운 스마트홈 서비스이다. 핸드폰 카메라로 집 안을 스캔하면 집안의 평면도가 완성되고, 생성된 평면도 위에 집 안에 설치된 스마트홈 기기가 표시되며, 기기를 선택하여 개별 제어를 할 수 있다. 또한, 지도에서 카메라 실시간 보기가 가능하며, 설정된 장치는 언제든지 추가 및 삭제할 수 있다. 아직 정식 출시되지 않았지만, 초기 지도를 설정하는데 방 1개당 약 1분, 장치 10개당 약 1분이 소요 될 것으로 예상하고 있다.

[그림 2-5] 아마존 맵 뷰 서비스 출처: amazon

맵 뷰의 서비스 모토는 'Quickly See and Control your smart Home빠르게 보고, 당신의 스마트홈을 제어한다'인데, 늘어나는 스마트홈 기기를 단순 라인별이나 텍스트별로 보면서 제어했던 모바일 앱 UI User Interface 환경에서 벗어나, 한눈에 집안의 모든 기기 환경을 볼 수 있게 함으로써 사용자로서는 더 쉽고 편리하게 스마트홈 기기를 제어할 수 있는 기회가 될 것으로 예상된다.

2023년 12월 아마존에서는 벽에 부착된 스마트 디스플레이 '에코 쇼 15'를 출시하였다. 그동안 에코 디바이스가 거실, 주방 테이블에 올려 두었다면, '에코 쇼 15'는 벽면에 부착해서 사용할 수 있다. 제공 기능은 스마트홈 기기 제어, Fire TV, 음악 재생, 영상 통화, 날씨 확인 등 다양한 용도로 사용할 수 있다. 스크린이 15.6인치 터치스크린 디스플레이로 되어 있어 큰 화면을 통해서 서비스를 이용할 수 있으며, 음성 인식 기능인 '알렉사'가 탑재되어 음성 제어도 가능하다.

[그림 2-6] 아마존 에코 쇼 15 출처: amazon

아마존 홈페이지에서 제품 기능을 살펴보면, '에코 쇼 15' 설치 위치에 대한 가이드가 주방으로 되어 있는 것을 볼 수 있는데, 기존 주방 TV의 대체자로 '에코 쇼 15' 기기를 선택하라는 의미로 파악된다. 제공 서비스 기능 중 Fire TV 서비스, 레시피 서비스 기능이 있어, 요리할 때 TV를 보던 사용자가 이제는 에코 쇼를 활용하여 콘텐츠를 이용하고 생활할 수 있도록 한 것이다. 아마존 에코 디바이스가 이제는 공간 상황을 고려하여 디바이스 활용도가 높아지도록 제품과 서비스를 설계하고 출시하는 방향으로 가고 있다.

⑦ 아마존 생성형 AI with AI Home

2023년 9월 Amazon's Latest Device and Service 2023 행사에서 아마존은 알렉사에 생성형 AI를 접목한 모델을 발표했다. 새로운 알렉사 대형 언어 모델Alexa LLM로 구동되는 완전히 새로운 알렉사 음성 비서를 보여 준 것이다. 새로운 알렉사는 대화를 이해하고 응답할 수 있으며, 상황 해석 등을 효과적으로 할 수 있다. 아마존은 생성형 AI를 통해 Home 자동화를 한 단계 업그레이드하여, 진정한 AI Home이 될 수 있는 기반을 마련할 수 있게 되었다.

생성형 AI로 업그레이드된 알렉사는 대형 언어 모델LLM을 사용하여 새로운 대화형 음성 인식 엔진을 구축했다. 새로운.대화형 음성 인식 엔진은 일반적으로 대화 중에서 잠시 중단하는 것 까지도 적응할 수 있도록 하여 지속적으로 원활하고 자연스러운 대화를 이어나갈 수 있게 했다. 또한, 생성형 AI를 통해 알렉사의 표현력을 훨씬 더 풍부하게 만들어 텍스트 음성 변환 기술이 향상됐다.

이러한 엔진 기술을 바탕으로 새로운 알렉사는 5가지 기본 기능이 강화됐다.

첫 번째는 대화Conversational 기능이다. 아마존은 지난 몇 년 동안 대화에 관해 연구했고, 대화를 통해 언어, 대화 상대에 대한 지식 등 수많은 추가 정보를 처리하고 판단했다. 대기 시간을 줄이는 것에 중점을 두어 대화가 중단 없이 자연스럽게 이뤄질 수 있도록 대화 기능을 강화하였다.

두 번째는 실제 유틸리티Real world Application 기능이다. 알렉사 LLMLarge Language Model 은 APIApplication Programming Interface 를 통해 수십만 개의 장치 및 서비스를 연결했다. 사람처럼 지능적으로 생각하고 조치를 취할 수 있는 능력도 향상되었다. 알렉사 LLM은 복합적인 루틴을 음성으로 완전하게 프로그래밍할 수 있는 기능도 제공한다.

세 번째는 개인화Personalization 기능이다. 알렉사는 개인이 세팅한 기본 설정, 서비스 및 환경 등에 대한 정보를 기반으로 기능을 제공한다. 집에서는 가족 구성원이 여러 명일 수 있기 때문에, 각각에 맞춰 맞춤형 개인화 기능을 제공할 수 있다.

네 번째는 성격Personality 기능이다. 사용자가 알렉사의 성격이 마음에 든다고 말하면, 새로운 알렉사는 대화에 더욱 흥미를 느껴 더 긴밀하게 대화 할 수 있게 된다.

다섯 번째는 신뢰 Trust 기능이다. 생성형 AI를 통해 무한한 가능성을 제공할 수 있지만, 사용자들이 새로운 기능에 대해 신뢰할 수 있도록 하는 것이 중요하다. 철저한 보안 속에서 사용자의 개인정보를 보호하고 투명성이 강조되는 경험을 제공해야 한다.

생성형 AI가 탑재된 새로운 알렉사는 AI Home 라이프에 적합한 대화형 비서가 될 것이다. 200개가 넘는 수많은 홈 API를 아마존 생성형 AI에 탑재시켰고 이 데이터를 바탕으로 집 안에 연결된 장치와 알렉사의 지식이 결합되어 AI Home을 적극적이고 원활하게 관리할 수 있다. 예를 들어, 집에 새로운 조명 장치를 추가하고 연결한 경우, "알렉사 새로운 조명을 켜줘"라고 말하면 알렉사는 새 조명이 무엇인지 알 수 있게 된다.

하나의 기기 대상으로 발화하는 것에서 다양한 기기 제어를 요청하는 기능도 가능하다. 예를 들어, "알렉사, 조명을 끄고, 난방기를 켜고, 커튼을 닫아줘"와 같이 복합 기능에 대한 요청을 할 수 있다.

또한, 수동으로 모드를 제어하지 않고 음성으로 루틴을 생성하는 것도 가능해진다. 예를 들어, "알렉사, 매일 아침 7시에 불을 켜고, 출근 준비를 위한 신나는 음악을 틀어 주고, 커튼을 열어줘"와 같이 사용자가 원하는 루틴을 음성으로 설정할 수 있다.

마지막으로 사용자가 말하는 내용에 대해서 이해력이 풍부해져 기기별로 발화해야 하는 구조에서 한 단계 업그레이드되어 "알렉사, 나 추위"와 같이 말하면, 알렉사가 실내 온도를 조절해 달라는 것으로 이해하고 미리 세팅된 온도에 맞춰 자동으로 동작할 수 있다. 아직은 이해력을 바탕으로 한 명령 기능이 일부 스마트홈 기기에만 작동하지만, 대상 기기가 계속 늘어날 예정이다.

생성형 AI가 탑재된 알렉사는 2024년 일부 기능에 대해서는 유료 모델로 제공할 계획이 있다. 아직은 완결적인 기능을 제공하고 있지 않지만, 이번 신규 알렉사 업데이트를 통해서 아마존은 "새로운 여정의 시작"이라고 할 만큼 생성형 AI와 접목한 알렉사에 기대감이 커지고 있다.

⑧ 아마존 AI Home 전략

2024년은 아마존 알렉사가 출시된 지 10주년 되는 해이다. 알렉사 출시에 맞춰 에코 디바이스도 같이 출시되었기 때문에 에코 역시 10주년이 되었다. 지난 10년 동안 아마존은 보다 나은 홈 서비스를 제공하기 위해서 노력해 왔다. 아마존의 홈 서비스는 알렉사를 기반으로 4억 개가 넘은 홈 디바이스 장치가 연결되어 있고, 매주 수억 번의 알렉사 호출을 통해서 기기를 제어하고 있다. 여기에 생성형 AI 출시를 기반으로 새로운 알렉사 경험을 제공하면서 AI Home의 자동화에 한 발짝 더 다가가고 있다.

아마존 AI Home 전략은 2023년 9월 아마존 블로그에 기고된 글을 참고하면 향후 아마존의 AI Home 전략을 미리 엿볼 수 있다.

첫 번째, 직관적이고 대화가 가능한 집으로의 변화이다.

사용자는 그동안 알렉사와 대화를 할 때 특정 기기 이름, 문구를 기억하고 호출하거나 반복해야만 했다. 이런 과정을 개선하는 방식으로 알렉사 안에 최신 LLM대형 언어 모델을 학습시켜, 직관적인 대화가 가능한 구조로 변경했다. 앞서 언급했지만, "알렉사 나 추위"라고 이야기하면 자동으로 온도를 높이거나, "알렉사 여기 너무 밝아"라고 이야기하면 조명 밝기를 줄일 수 있다. 즉 알렉사는 사용자가 의미하는 바를 추론하고, 그에 따라 행동하는 구조가 되는 것이다.

여기에 덧붙여서, 알렉사는 새로운 수준의 AI Home 인텔리전스 기능까지 제공할 수 있게 될 것이다. 복합 요청 기능의 활성화인데, "알렉사, 모든 블라인드 닫고, 조명 켜고 청소기를 시작해 줘"와 같이 여러 가지 요청을 하나로 결합해서 제공할 수 있게 되고, 음성 루틴 기능도 추가하여 "알렉사 저녁에 잠잘 시간 알람 해 주고, 거실 조명 어둡게 하고, 침실에 있는 공기청정기 켜줘"와 같이 음성으로 설정도 편리하게 할 수 있게 했다. 물론 이런 복합 요청 기능과 음성 루틴 기능이 100% 완벽하게 설정되지 않을 수 있지만, 새로운 알렉사는 계속 학습하면서 진화해 나갈 것이다.

두 번째는 나만의 특별한 집의 완성이다.

아마존 역시 매터를 활용하여 집 안에 설치되어 있는 다양한 브랜드의 기기를 하나로 연결해서 제공하려고 한다. 매터의 주요 멤버로서 개방형 표준을 지지하고 있는 아마존은 자체 API를 공개적으로 제공하여 스마트홈 기기 제조업체가 알렉사를 이용할 수 있는 환경을 만들고 있다. 알렉사를 더욱 쉽게 구축할 수 있는 새로운 LLM 기반 솔루션을 발표하여, 스마트홈 기기 제조업체들이 동적 컨트롤러를 사용하여 알렉사에게 장치가 수행할 수 있는 작업을 알려줄 수 있다.

또한 사용자가 요청할 때 더 대화할 수 있는 액션 컨트롤러Action controller도 추가하여, 이를 통해 "알렉사 바닥이 더러워"라고 하면 알렉사는 이후 행동해야 하는 주체가 진공청소기라고 추론할 수 있게 되었다.

세 번째는 적극적으로 행동하는 집이다.

사용자는 말하지 않고도 알아서 동작하는 진정한 AI Home을 꿈꾸고 있다. 아마존에서는 100% 완벽하진 않지만, 약 40%의 스마트홈 작업을 사용자가 아무 말 하지 않고도 알렉사에 의해 시작되도록 하고있다. 평소 조명 제어를 요청하는 것이 가장 대표적인 AI Home 서비스 중 하나인데, 조명과 호환되어 있는 동작 센서와 주변 광센서를 통해서 알렉사는 지능적으로 실내의 밝기 수준과 활동의 유무를 감지하여 조명을 알아서 켜고 끌 수 있다. 아마존이 제공하는 홈 보안 및 모니터링 서비스인 '링'을 활용하여 링 알람을 자리 비움으로 설정한 후 밤에 도어벨을 누르면 현관 조명이 자동으로 켜지고, 어느 현관의 도어벨에서 울렸는지 알렉사가 알려준다. 이처럼 사용자가 어떤 액션을 직접 하지 않고도 집 안에서 자동으로 동작할 수 있는 구조로 업그레이드되고 있다.

　네 번째는 관리하기 쉬운 집이다.

　현재 아마존의 수백만 명 고객이 20개 이상의 장치를 알렉사에 연결해서 사용하고 있다. 처음 에코 디바이스가 출시되었을 때 디스플레이 화면이 없어서, 직관적으로 기기 연결 상태 등을 보기 어려웠다. 이에 아마존에서는 맞춤형 스크린 터치스크린 패널이 탑재된 에코 허브 Echo Hub 를 개발했다. 에코 허브라는 이름에서 알 수 있듯이 중앙 허브방식으로 다양한 프로토콜 지원이 가능한 기기이다. 에코허브는 벽면에 장착하거나 스탠드 방식으로 테이블 위에 놓을 수 있다. 터치스크린 방식이기 때문에 스마트홈 장치 상태를 보면서 제어하고 사용자 루틴, 날씨, 시간 등 콘텐츠 정보도 볼 수 있다.

　위의 주요 4가지 핵심 내용을 정리하면, 아마존의 AI Home 전략은 알렉사를 중심으로 한 스마트홈 생태계 구축부터 사용자를 위한 자동화 기능까지 사용 확장성이 높은 지능화 AI Home을 향해 가고 있다.

　아마존은 계속해서 매터 표준과 알렉사를 탑재한 다양한 홈 디바이스를 출시하고 있으며, 스마트 스피커, 스마트 TV, 스마트 램프, 플러그 등 다양한 형태의 홈 기기를 통하여, 곳곳에 알렉사 기능을 사용할 수 있도록 하고 있다.

아마존은 서비스 확장성을 강화하기 위해서, 홈 디바이스와 아마존 쇼핑, 엔터테인먼트, 금융 등의 서비스를 연계해 나가고 있다. 또한 집에서 활동하는 아마존 로봇Astro을 출시하여 스마트홈 제어 영역을 스피커에서 로봇으로 확장해 나가고 있다.

앞으로 아마존은 사용자의 평소 생활패턴 데이터를 학습하여, 자동화 루틴 기능을 제공하고 사용자의 홈 생활 전반을 지원하는 AI Home 통합 플랫폼으로 진화할 것이다.

구글Google

구글은 인터넷 검색 서비스를 시작으로 2010년 이후부터는 스마트폰, 스마트 스피커 등 디바이스를 출시하기 시작하였고, 최근 생성형 AI 시장 흐름에 맞춰 다양한 서비스를 출시하고 있다. 대표적으로 구글에서 개발한 대규모 언어 모델LLM 기반으로 하는 인공지능 챗봇 서비스인 '제미나이Gemini, 이전 이름: 바드(Bard)'가 있으며, 제미나이를 구글 홈 디바이스에 접목하여 AI 서비스를 자연스럽고 유익하게 만들려고 준비 하고 있다. 구글 홈 서비스의 시작부터 현재까지 주요 내용을 살펴보면서, 구글의 AI Home 전략 방향에 대해 알아보자.

① 네스트 인수 그리고 구글 홈 디바이스 출시

2014년 1월 구글은 홈 디바이스 서비스 사업자인 네스트를 32억 달러약 3조 6천억 원에 인수했다. 당시 구글이 인수한 기업 중 두 번째로 큰 규모였다. 네스트는 온도 조절기, 화재경보기, 도어락 등 다양한 스마트홈 기기를 개발한 기업으로 편리한 사용성, 높은 보안성, 혁신적인 디자인으로 주목받고 있었다. 미국 주거 시장의 경우 단독 주택에 살고 있는 비중이 높기 때문에 집집마다 스마트홈 기기를 구매 후 설치하는 경우가 많았다. 이런 시장의 특성을 바탕으로 구글은 검색 서비스에서 영역 확장과 홈 시장의 성장 가능성을 고려하여 네스트를 인수하게 되었다.

[그림 2-7] 구글 & 네스트사 인수 출처: google

네스트의 경우 스마트홈 분야의 선도적인 기업으로 독자적인 기술력이 있었기 때문에 인수를 통해서 그들이 보유한 자원 그대로를 활용하고 구글의 홈 디바이스와 서비스에 적용해 빠르게 시장 진입을 시도할 수 있었다.

2016년 11월, 구글은 홈 시장에 적극 진출하기 위한 도구로써 '구글 홈' 디바이스를 출시했다. 구글 홈은 구글의 AI 음성 비서인 '구글 어시스턴트google assistant'가 탑재된 스마트 스피커였다. 사용자는 스피커 앞에서 "오케이 구글 okay google" 또는 "헤이 구글 hey google"이라고 말하면 음성 인식과 음성 제어 기능을 통해 홈 기기를 보다 편리하게 사용할 수 있도록 했다. 구글 어시스턴트는 음성, 텍스트 또는 화면 터치로 제어할 수 있으며, 다양한 작업을 수행할 수 있다. 구글 어시스턴트가 제공하는 기능에는 홈 디바이스, 음악 재생 등 장치 제어 기능과 날씨, 뉴스 등과 같은 정보 제공 그리고 일정 관리, 메모 작성 등이 있다. 어시스턴트를 사용함으로써, 작업을 빠르게 처리하고 할 수 있어 생산성을 향상시킬 수 있고, 음성으로 작업을 수행할 수 있어 편리하고 사용자와의 지속적인 소통으로 효과적으로 데이터 학습을 할 수 있다.

구글 홈은 구글의 홈 서비스 전략에서 중요한 역할을 한다. 집 안에서 사용자가 말하는 음성을 듣고, 반응하며 필요한 기능을 추천해 주는 매개체로서 실생활에서 밀접한 관계 형성을 할 수 있기 때문이다.

다양한 홈 디바이스와 연결해서, 집 안의 상태를 확인해 주는 역할은 구글의 홈 전략을 실행하는 데 반드시 필요하므로 점점 강화해 나가고 있다.

② 스마트 스피커와 스마트 디스플레이

2016년 11월, 구글 홈 디바이스 출시 이후 구글에서는 한동안 매년 스마트 스피커를 출시하였다. 2017년 '구글 홈 미니', '구글 홈

맥스'가 출시되었고, 2018년에는 스피커를 통해서 음성으로 내용을 주고받는 불편함을 개선하고자, 디스플레이 화면이 탑재된 '구글 네스트 허브'를 출시했다. 이는 아마존에서 에코 디바이스로 출발해서 디스플레이 화면이 있는 에코 쇼로 확대하는 방식과 유사한 흐름이었다. 구글 네스트 허브는 7인치 디스플레이를 내장하고 있어, 스마트홈 기기 제어뿐 아니라 일정 관리, 메모 작성 등 일상생활에 필요한 서비스들을 화면을 통해서 확인할 수 있으며, 구글의 유튜브 등 엔터테인먼트 서비스까지 확장해서 제공했다.

2023년 10월 구글은 네스트 허브 맥스 후속 단말인 '네스트 허브 2세대'를 출시했고 기존 제품보다 작고 가격을 저렴하며, 기존에 제공하던 기능은 동일하게 제공하면서 기능은 업그레이드했다. 특히 수면 측정 기능은 수면 패턴 분석 알고리즘을 개선하여 보다 정확한 수면 측정을 가능하게하여 더 다양한 수면 데이터를 제공할 수 있게 되었다.

구분	구글 홈	네스트 허브
출시일	16년 11월	18년 10월
제품		

[표 2-4] 구글 홈 & 네스트 허브

③ 구글 홈 플랫폼

구글에서 지속적으로 스마트 스피커와 디바이스를 출시하면서 안정적으로 홈 기기 제어 서비스를 제공할 수 있었던 이유는 구글 홈 플랫폼을 통해서 관리하고 있었기 때문이다.

앞서 구글의 대표적인 스마트 스피커 이름을 '구글 홈'이라고 했는데, 구글의 스마트홈 플랫폼 역시 '구글 홈'이라고 이야기하고 있다. 이름은 같지만 서로 다른 개념으로 생각하면 된다. 구글 스마트홈 플랫폼인 '구글 홈'은 구글의 스마트 스피커, 스마트 디스플레이, 스마트홈 기기 등을 연결하고 제어할 수 있는 플랫폼이다.

구글 홈 플랫폼은 구글의 스마트홈 기기를 구동하고 관리하는데 필요한 소프트웨어와 서비스로 구성되어 있고, 3가지 주요 특징이다.

첫 번째, 홈 디바이스 제어 기능이다. 구글의 스마트 스피커 등을 통해 음성 명령으로 홈 디바이스를 제어할 수 있다.

두 번째는 홈 디바이스 연결 기능이다. WiFi, Zigbee, Bluetooth 등 다양한 통신 프로토콜을 지원하는 홈 디바이스를 연결할 수 있다. 최근 매터 프로토콜 연결을 통해 더 많은 홈 디바이스를 확장하려고 준비하고 있다.

세 번째는 인공지능AI 활용이다. AI 기술을 활용하여 사용자의 요구 사항을 이해하고, 이에 맞는 서비스를 제공한다. 생성형 AI 시장의 확장과 더불어 구글에서 제공하고 있는 생성형 AI 기술을 홈 플랫폼에 적용시켜 한 단계 업그레이드된 홈 서비스를 제공할 수 있는 환경을 구축해 가고 있다.

④ 구글 생성형 AI with AI Home

구글은 생성형 AI 시장 흐름에 맞춰 다양한 생성형 AI 기술을 개발하고 상용화하고 있다. 구글의 생성형 AI 전략에 대해서 구글 생성형 AI 서비스인 제미나이Gemini를 통해 확인해 보니 크게 3가지로 요약하고 있다.

첫 번째는 사용자 경험을 개선하는 것이다. 구글 어시스턴트는 생성형 AI를 탑재하여 사용자의 질문에 자연스럽고 유익한 방식으로 응답할 수 있다. 또한, 정보 검색에서 구글은 보다 관련성 높고, 유용한 검색 결과를 제공한다.

두 번째는 기업 고객을 위한 솔루션을 제공하는 것이다. 구글 클라우드는 기업 고객이 다양한 비즈니스 문제를 해결할 수 있는 서비스를 지원한다. 구글 클라우드의 클라우드 텍스트 투 스피치 Cloud Text to Speech 서비스는 생성형 AI를 통해 음성 합성, 챗봇, 자동화 등 다양한 분야를 기업이 활용할 수 있도록 지원한다.

세 번째는 생성형 AI 분야의 기술 혁신을 선도하는 것이다. 이를 위해 엔비디아, 오픈 AI 등에 다양한 투자와 협력을 진행하고 있다.

이런 전략을 기조로 하는 구글의 대표적인 생성형 AI 서비스는 구글 검색, 구글 어시스턴트, 구글 클라우드이다.

구글 검색은 사용자의 검색 결과를 보다 관련성 높고, 유용한 내용으로 제공한다. 사용자의 질문 의도를 파악하고 사용자의 관심사를 기반으로 맞춤형 검색 결과를 보여준다.

구글 어시스턴트의 경우 사용자의 질문에 자연스럽고 자세한 내용으로 응답한다.

구글 클라우드는 기업 고객을 위한 생성형 AI 솔루션을 제공한다. 이외에도 구글은 이미지 생성, 음악 작곡, 코드 작성 등 다양한 분야에서 혁신을 이끌어 갈 것이다.

현재 구글에서 진행하고 있는 대표적인 생성형 AI 기술 분야는 텍스트 생성 분야와 이미지 생성 분야가 있다. 집 안에서는 주로 대화를 통해서 홈 디바이스를 제어하고 상태 정보를 확인하므로, 스마트홈 서비스에는 구글의 텍스트 생성 분야의 기술이 적용된다.

텍스트 생성 분야의 모델은 구글 제미나이 Gemini 다. 제미나이는 구글 AI에서 개발한 대규모 언어 모델LLM로서, 사실에 맞는 텍스트를 생성하고, 언어를 번역할 수 있으며, 다양한 종류의 창의적인 콘텐츠를 생성할 수 있도록 구성되어 있다. 구글은 2023년 10월 '어시스턴트 위드 바드Assistant with Bard'라는 새로운 버전의 구글 어시스턴트를 발표했다. 새로운 버전은 생성형 AI가 포함되어 있어 더 자연스럽고 유익한 대화를 할 수 있도록 업그레이드되었다. 예를 들어 "날씨 어때?" 질문을 했을 때, 이전에는 날씨 정보만 알려주었다면, 이제는 날씨를 기반으로 한 의상을 추천하고, 날씨와 관련된 미세먼지 농도, 자외선 지수와 같은 추가 정보도 같이 제공할 수 있게 되었다.

구글은 제미나이를 활용하여 홈 디바이스와 사용자 간의 자연스러운 상호 작용을 유도할 것이다. 제미나이가 홈 디바이스 서비스에 적용됨에 따라 사용자의 선호도와 패턴을 학습하여 개인화된 경험을 제공할 수 있다. 예를 들어, 사용자가 주로 사용하는 기기나 기능을 우선 표시하거나, 사용자가 선호하는 방식으로 알람을 하는 것이다.

또한, 사용자가 기본적으로 자주하는 질문에 대해 선제적으로 의사소통을 할 수 있고, 사용자에게 맞춤형 알림 등도 가능하다. 사용자가 집에 도착하면, "어서 오세요"라는 알림을 보내거나, 사용자가 저장해 놓은 휴가 일정 계획에 맞춰서, "휴가 잘 다녀오세요"와 같은 안내를 보낼 수 있다.

구글은 생성형 AI를 활용하여 AI Home에 다음과 같은 전략을 추진할 것으로 예상된다.

첫 번째, 사용자의 니즈를 잘 파악하고, 그에 맞는 서비스를 제공한다. 생성형 AI가 탑재되면서 사용자의 질문에 대한 이해력이 높아져 사용자의 요구를 더 잘 이해할 수 있게 되었다. 앞서 언급했듯이 "집이 추워"라고 말을 하면 사용자가 원하는 것은 집이 추우니까 따뜻하게 해 달라는 요청이자 사용자가 평소에 따뜻하게 맞춰 놓은 온도로 설정해 달라고 요청하는 것이다. 이런 요청 사항을 잘 이해하여, 집 안의 상태를 적절한 온도와 난방으로 설정할 수 있게 해줄 것이다.

두 번째는 사용자와 자연스럽고 편리한 상호작용이다. 사용자와 더 자연스러운 대화를 나눌 수 있도록 설계되어, "오늘 저녁 뭐 먹을까?"라는 질문을 하면, 단순하게 레스토랑 정보만 추천하는 것이 아니라, 사용자의 취향과 상황을 고려하여 구체적으로 적합한 메뉴로 추천해 줄 수 있다.

세 번째는 새로운 AI Home 서비스의 개발이다. 사용자가 직접 홈 디바이스를 제어하는 것이 아니라, AI가 사용자의 의도를 파악하여 자동으로 홈 디바이스를 제어하는 자동화 서비스를 개발할 수 있다. 예를 들면 주방에서 음료를 쏟았을 때, 집의 상태를 계속 체크하고 있던 센서에서 음료를 쏟았다는 상황을 인지하고, 연동되어 있는 청소기가 청소하도록 할 수 있다.

이처럼 구글의 생성형 AI를 활용한 AI Home 전략은 구글이 AI Home 시장에서 경쟁력을 강화하는 데 이바지할 것이다.

⑤ 구글 AI Home 전략

구글은 매년 구글의 신제품과 신기술을 보여 주는 구글 IO 행사를 열고 있다. IO는 Input/Output 입력/출력 이라는 의미와 Innovation in the Open 혁신은 개방 속에 있다 이라는 의미이다. 행사를 통해서 새로운 디바이스 픽셀폰, 구글 홈 디바이스 등을 선보였으며 특히 2023년에는 AI 챗봇 바드 현 제미나이 를 모든 이용자에게 공개하였다.

구글의 AI Home 전략을 살펴보면, 오픈 생태계 연결성의 강화, 인공지능을 활용한 사용자 경험의 향상, 보안의 중요성을 강조하고 있다.

먼저 구글은 글로벌 표준 프로토콜인 매터 적용을 통해 타사 홈 디바이스와의 연결성을 강화하고 있다. 이를 통해 사용자들이 다양한 홈 디바이스를 자유롭게 선택하고 연결할 수 있다.

또한, AI 기술을 활용하여 홈 디바이스가 사용자의 요구 사항을 잘 이해하고 적합한 실행 결과를 제공하기 위해 노력하고 있다. 구글 홈 스피커를 통해 사용자 목소리를 분석하고 사용자별 취향과 관심사를 파악하여 그에 맞는 다양한 정보를 제공한다.

마지막으로 홈 디바이스의 보안을 강화하기 위해 기기 취약점을 발견하는 즉시 패치를 통해서 보완하고 있다.

한동안 구글 어시스턴트 일부 응답 속도가 느리거나 동작하지 않는 경우가 많았다. 질문에 대해 정확한 응답을 하지 못하고 "죄송합니다. 그렇게 할 수 없습니다"와 같은 답변을 내놓는 경우도 있었다. 이런 서비스에 대한 오류 및 불만족을 해소하기 위해서 구글은 계속 서비스를 업그레이드하고 있다. 2023년 10월 구글 생성형 AI가 탑재된 신형 스마트폰 픽셀 8이 출시 되면서 생성형 AI 기술이 가전기기에 내장되어 더 똑똑한 AI Home 라이프를 누릴 수 있을 것으로 예상된다. 앞으로도 구글은 오픈 플랫폼 지원을 통한 생성형 AI가 탑재된 다양한 홈 디바이스를 계속 출시할 것이다. 이를 통해 AI Home 시장에서 선도적인 위치를 확고히 하고 AI Home 시장의 성장을 더욱 가속화하기 위해 계속 노력할 것이다.

─────── ## 3. 국내 기업 스마트홈 전략

삼성전자

삼성전자는 2014년 8월, 미국의 사물인터넷 IoT, Internet of Things 스타트업인 '스마트싱스 smart things'를 2억 달러 약 2,043억 원에 인수했다. 스마트싱스는 2012년 설립된 기업으로, IoT 기기를 연결 및 제어할 수 있는 자체 플랫폼을 보유하고 있었다. 삼성전자는 스마트싱스를 인수함으로써 플랫폼을 확보하여, AI Home 시장에서 경쟁력을 강화할 수 있는 기반을 마련하였다.

① 스마트싱스 플랫폼의 확장

스마트싱스 플랫폼은 다양한 홈 디바이스를 연결하고 서비스를 제공하는 기반이다. 스마트싱스 플랫폼을 통해서 '기기 연결 및 제어', '자동화 설정', '서비스 제공' 기능을 이용할 수 있다. 삼성전자의 가전, 스마트폰, IoT 기기를 연결 및 제어하고 기기의 자동화를 통해서 "집에 도착하면 조명 켜줘 TV 켜고" 등의 설정을 하면서 에너지 사용량 모니터링, 홈 엔터테인먼트 등의 서비스 확장이 가능하다.

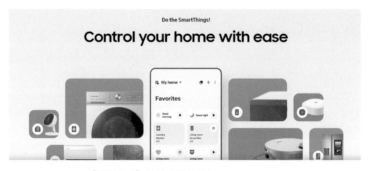

[그림 2-8] 삼성 스마트싱스 출처: 삼성전자

스마트싱스 플랫폼이 가진 장점은 '연결성', '편의성', '확장성'이다. 매터 표준 지원을 통해 다양한 제품과 서비스와의 연결이 가능하고, 연동된 기기들을 한 번에 편리하게 관리 및 제어할 수 있으며, 플랫폼을 기반으로 하는 다양한 서비스 제공이 가능하다.

삼성전자는 스마트싱스에 연결된 홈 디바이스를 계속해서 확장해 나갈 계획이다.

매터 표준 지원을 통해서 다양한 디바이스들이 서로 연결될 수 있는 구조가 확대됨에 따라 스마트싱스 플랫폼의 역할은 더욱 커질 것으로 보인다. 2023년 12월 기준, 스마트싱스 이용자 수는 해외 기준 2억 명, 국내 기준 800만 명이 사용하고 있다. 스마트싱스는 삼성전자의 가전제품뿐 아니라, 타사 제품도 연결할 수 있어 서비스 사용자는 계속 확대될 전망이다. 삼성전자는 스마트싱스를 통해 가전제품의 사용 편의성을 높이고, 새로운 서비스를 제공해 가며 홈 시장을 선도하겠다는 전략하에 움직이고 있다.

② 캄 테크Calm Tech의 시작

2022년 12월 삼성전자 글로벌 개발자 컨퍼런스SDC에서 삼성전자 부회장은 "앞으로 기술은 눈에 보이지 않고, 사용자가 인지하지 못하는 상태에서 자연스럽게 제공되어야 한다"라며 '캄테크'라는 용어를 제시했다. "삼성전자는 캄테크를 통해 세상과 더욱 밀접하게 연결하고 사용자의 삶이 편리하고 스마트해질 수 있도록 혁신을 계속 하겠다"라고 이야기했다. 캄 테크라는 미래 기술 비전을 통해, 홈 시장을 선도하고 사용자에게 더 나은 경험을 제공하기 위한 전략을 수립하겠다는 의미였다.

[그림 2-9] 삼성 Calm Technology 출처: 삼성전자

Calm이라는 단어는 '고요한' 이라는 뜻이며 캄테크는 사용자에게 고요한 경험을 제공하는 기술을 의미한다. 캄테크를 구현하기 위해서는 센싱 Sensing 을 통해서 사용자의 감정과 상태를 감지하고 콘텐츠를 제공하는 기술과 인터랙션 interaction 을 통해서 사용자와 기기의 상호작용을 편안하고 자연스럽게 만드는 기술이 포함되어 있어야 한다.

캄테크의 AI Home 적용을 통해서 사용자는 보다 편안하고 자연스러운 홈 경험을 누릴 수 있다. 사용자의 감정 상태에 따라 연동된 기기들을 조절할 수 있으며, 사용자가 슬픈 감정을 느끼거나 말한다면 조명을 은은하게 만들어 주고 차분한 음악을 틀어 줄 수 있다.

또한, 사용자의 이용 패턴을 분석하여 최적의 모드를 제공한다. 사용자가 자주 사용하는 시간대에 맞춰 조명을 켜 주거나, 사용자가 잠자리에 드는 시간에 맞춰 어둡게 조명을 조절하는 등 사용자에게 적합한 환경을 제공한다.

마지막으로 자연스러운 제스처 방식을 통한 홈 디바이스 조작이 가능하다. 사용자가 손을 흔들면 조명이 켜지고, 손뼉을 치면 음악이 재생하는 등 제스처로 보다 편리하게 제어할 수 있다.

사용자의 활동을 기반으로 운동 시에 도움을 받을 수 있는 맞춤형 콘텐츠를 추천하거나, 집을 비웠을 때 침입자가 침입할 경우 자동으로 알람을 울리면서 사용자의 안전과 보안까지 지킬 수 있다. 캄테크는 아직 초기 단계이지만 홈 플랫폼인 스마트싱스에 적용하여 삼성전자가 AI Home 시장을 선도하고 사용자에게 더 나은 경험을 제공하기 위한 핵심 기술로 진화할 것이다.

③ 생성형 AI with 삼성 AI Home

2023년 11월, 삼성전자는 생성형 AI 모델 '가우스Gauss'를 공개했다. 삼성 가우스는 텍스트, 이미지, 코드 등 다양한 데이터를 학습한 대규모 언어 모델이다. 아직 개발 초기 단계에 있지만, 세 가지 모델로 구성되어 있다.

첫 번째는 언어 모델로, 텍스트를 생성하고 언어를 번역하며 다양한 종류의 창의적인 콘텐츠를 작성하는 데 사용된다.

두 번째는 코드 모델로, 코드를 생성하고 소프트웨어를 개발하고 웹사이트를 만드는 데 사용된다.

세 번째는 이미지 모델로, 이미지를 생성하고 편집하며 새로운 디자인을 만드는 데 사용된다.

이러한 모델을 바탕으로 영화, 드라마, 음악 등의 콘텐츠를 창의적으로 제작할 수 있고, 새로운 제품의 디자인을 만들어 빠르게 개발할 수 있으며, 학생들에게 맞춤형 교육을 제공할 수 있다. 또한, 환자의 상태를 보다 정확하게 진단할 수 있는 헬스케어 분야까지 확장을 계획하고 있다.

[그림 2-10] 삼성 가우스 소개 출처 : 삼성전자

삼성 가우스는 삼성전자의 AI 비서인 '갤럭시 빅스비'에 탑재하여 사용자의 질문에 자연스럽게 응답해 주고, 삼성전자의 스마트 TV에도 탑재하여 사용자의 시청 환경에 맞는 콘텐츠를 추천해 준다. 아직 삼성 가우스가 삼성 AI Home에 어떻게 적용될지 확정되지 않았으나, '갤럭시 빅스비'와 홈 플랫폼인 '스마트싱스'와 결합하여, 집 안에서 사용자의 상황에 맞춰 기기를 제어하거나 서비스를 추천하는 방향으로 한 단계 진화하지 않을까 생각된다.

④ 삼성전자 AI Home 전략

삼성전자는 AI Home 시장을 선도하기 위해 '스마트싱스' 플랫폼을 기반으로 AI Home 전략을 추진한다. 삼성전자의 AI Home 전략 방향은 플랫폼 확장, 서비스 강화, 개방성 확대를 통해서, 2025년까지 글로벌 AI Home 시장의 대표 사업자가 되겠다는 목표를 세웠다.

플랫폼 확장 측면에서는 2023년까지 스마트싱스 플랫폼에 적용한 가전의 수를 전년 대비 3배 늘리고, IoT 기기 수도 5배 늘릴 계획이다. 또한, 서비스 제공 도메인을 B2C Business-to-Consumer 에서 B2B Business-to-Business 까지 확장한다. 대표적인 B2B 시장인 AI Home 스마트 아파트, AI 빌딩, AI 시티까지 확대해서 적용할 계획이다. 스마트 아파트 시장은 2023년 12월 기준 전국 13만 세대를 수주하였고, 2025년까지 30만 가구로 확대할 계획이다.

서비스 강화 측면에서는 실생활에 필요한 서비스를 출시하고 있는데, 대표적인 분야가 서비스 분야이다. 에너지 사용량을 모니터링하고, 에너지 절약을 위한 서비스를 제공하고 있다. 이외에도 홈 보안, 홈 엔터테인먼트 등 다양한 서비스 제공도 검토하고 있다.

개방성 확대 측면에서는 매터 표준 지원을 통해서 타사 제품과 연동할 수 있는 환경을 마련하고, 매터 표준을 지원함으로써 스마트홈 생태계 확장에 주력하고 있다.

삼성전자는 앞으로 AI Home 시장을 선도하기 위해서 캄테크 기술을 스마트싱스 플랫폼에 적용하고, 다양한 제품과 서비스 연동을 통해 사용자의 편의성 향상까지 고려한 한 단계 업그레이드된 AI Home 환경을 만들어 갈 것이다.

LG전자

LG전자는 2013년 3월 'LG 스마트홈' 서비스를 오픈하고 모바일로 LG전자의 가전제품을 원격으로 제어할 수 있는 서비스를 출시하면서 홈 서비스 시장에 진입했다. LG전자가 본격적으로 홈 서비스 시장에 관심을 둔 시기는 2017년 12월 새로운 인공지능 브랜드인 '씽큐ThinQ'를 발표하면서 부터이다.

씽큐는 '당신을 생각한다'라는 의미의 'Think You'와 행동한다의 'Q'를 결합한 단어이다. 씽큐는 LG전자의 인공지능 기술이 탑재된 가전기기와 서비스를 위한 브랜드로 확장되었다. 냉장고, 세탁기, TV 등 다양한 가전제품과 서비스에 씽큐의 인공지능 기술을 탑재하여 사용자가 집안에서 편리하게 이용할 수 있는 환경을 제공하기 시작했다.

씽큐의 주요 핵심 가치는 진화, 연결, 개방이다. 인공지능 기술의 발전에 따라 씽큐는 지속적으로 진화하고 발전하며 다양한 기기와 서비스를 연결하여 사용자에게 최적의 경험을 제공한다. 또외부 기업과의 협력을 통해 기술과 서비스의 확장을 추구한다.

씽큐를 통해서 제공받을 수 있는 기능은 음성 제어, 원격 제어, 맞춤형 서비스 등이 있다. 음성 제어는 음성으로 가전제품을 제어하고, 원격 제어는 집 밖에서도 스마트폰 앱을 통해서 가전제품을 제어할 수 있으며, 사용자의 패턴을 분석하여 맞춤형 서비스까지 제공할 수 있다.

LG전자는 씽큐를 통해서 가전제품과 인공지능 기술이 집 안 곳곳에 연결되어 사용자의 삶을 더욱 편리하고 풍요롭게 만들고자 하는 목표가 있다.

① 인공지능 플랫폼 개발_{딥씽큐에서 앰비언트 컴퓨팅으로}

2019년 1월, LG전자는 자체 개발한 인공지능 플랫폼 '딥씽큐'을 발표했다. 딥씽큐는 영상을 분석하고, 정보를 추출하고, 자연어를 이해하여 처리하고, 데이터를 학습하여 스스로 발전해 가는 기능을 제공했다. LG전자는 다양한 가전제품과 서비스에 딥씽큐를 탑재하고, 외부 기업과의 협력을 통해 자동차 내비게이션과 연동하는 등 여러 분야로의 확장을 통해 기술을 발전시켜 인공지능을 선도하려는 목표가 있다.

'딥러닝 기술 기반'으로 더 스마트한 인공지능 기능을 제공하고, '개방형 플랫폼' 구조로 외부 기업과의 협력을 통해 다양한 분야로 확장했다. 지속적으로 업데이트하면서 사용자의 요구 사항을 충족하는 '진화하는 플랫폼'으로 확대해 나갔다.

진화하는 플랫폼에 발맞춰 2023년 LG전자는 생성형 AI 기반의 '앰비언트 컴퓨팅 Ambient Computing'을 발표했다. 앰비언트 컴퓨팅이란 사용자가 직접 조작하지 않아도 주변 기기들이 스스로 상황을 이해하고 판단하여 사용자가 원하는 서비스를 능동적으로 제공하는 기술이다. 즉 사용자의 행동을 예측하고 그에 맞는 정보를 제공하거나 작업을 수행하는 기술이라고 할 수 있다.

예를 들어, 사용자가 집에 들어오면 자동으로 조명이 켜지고, 커튼이 닫히면서 TV가 켜지고, 냉장고에서 오늘 먹을 음식을 추천해 주는 방식이다.

사용자가 평소에 에어컨을 이용하는 패턴에 따라 스스로 판단해 특정 온도에 도달하면 에어컨 전원을 켤지 끌지 제안하고 최적의 온도와 풍량을 추천한다. 이는 평소 사용자의 생활 패턴을 분석하여 데이터로 쌓아 두고 학습을 통해서 제공해 주는 지능형 솔루션 방식이라고 할 수 있다.

앰비언트는 사용자의 상황을 인식하고, 상황에 따른 능동적인 서비스를 제공하고 연결된 기기와의 협력이 가능한 특징이 있다. 사용자의 위치, 활동, 감정 등을 인식하고 사용자의 상황을 고려하여 사용자에게 풍부한 서비스를 제공한다.

시스템을 구현하기 위해 공간 상황 인식 기술, 상황 판단 기술, 기기 추천 기술 등 관련 분야별 기술 개발에 힘쓰고 있다. 또한, 고객의 상황과 상태를 정교하게 인지하고, 상황에 따라 선제적으로 특정 작업을 제안하거나 수행하며, 고객의 라이프 스타일에 맞는 맞춤형 서비스를 추천하는 기술 개발에 초점을 두고 있다.

LG전자는 앰비언트 서비스를 통해 스마트홈 시장에서 경쟁력을 확보하고, 사용자에게 더욱 편리하고 가치 있는 경험을 제공하기 위한 환경을 만들고자 한다.

② LG ThinQ with AI Home

LG전자는 씽큐 홈 플랫폼과 앰비언트 컴퓨팅 기술을 통해 AI Home 시장에서 선도 사업자가 되기 위해 노력하고 있다. 씽큐 홈 전략은 앞에서 언급한 대로 진화, 연결, 개방 3가지로 이야기할 수 있다. 인공지능과 사물인터넷 기술을 바탕으로 지속적으로 진화하고, 다양한 가전제품과 서비스를 연결한 통합형 스마트홈을 구현하며, 여러 기업과 협력하여 개방형 스마트홈 생태계를 구축하려고 한다.

관련해서 좀 더 자세하게 살펴보면, AI와 IoT 기술을 기반으로 사용자의 패턴을 분석하여 최적의 가전 제어 서비스를 제공하고 사용자의 관심에 맞는 추천 정보를 전달하여 사용자의 편리함을 추구한다.

컴퓨팅 기술을 접목하여 사용자의 상황과 상태를 분석하고 선제적으로 편리한 서비스를 제공하는 LG전자만의 AI Home 서비스의 진화를 주도하고자 한다.

또한, 다양한 가전제품과 서비스가 연결된 통합형 솔루션을 구현하기 위해서 LG전자는 자사의 가전제품뿐 아니라, 타사 가전제품과도 연동할 수 있는 기술을 연구하고, 스마트홈 생태계 구축을 위해 매터 표준을 적극적으로 지원하여 여러 기업과 연결하는 AI Home 솔루션을 개발하고 있다.

[그림 2-11] LG전자 ThinQ 서비스 출처 : LG전자

LG전자는 AI Home 시장에서 씽큐 플랫폼의 기능과 서비스를 지속적으로 강화해 나갈 예정이며, 스마트홈 사업을 글로벌 시장으로 확대하고 새로운 성장 동력으로 삼아, 2025년까지 스마트홈 시장에서 글로벌 1위 기업으로 도약하겠다는 목표를 향해 달려가고 있다.

통신사 + 플랫폼 사업자

① KT

국내 통신사업자 중 KT는 2017년 AI 스피커인 '기가지니'를 출시하면서 AI Home 시장에 본격적으로 진출했다. 기존에는 세대 내 홈 허브 기기를 설치하고 IoT 기기들과 연동하여 스마트폰 앱으로 제어했다면, 음성 인식 기반의 AI 스피커인 '기가지니' 출시에 맞춰 음성으로 집 안의 스마트홈 기기를 제어할 수 있는 '기가지니 아파트 서비스'를 선보였다.

2017년 KT는 기가지니 아파트 서비스를 출시한 이후 2023년 현재 전국 100만 세대에 서비스 도입을 확정해 놓은 상황이며, 이 중약 60여만 세대는 서비스를 이용할 수 있는 환경을 구축 완료하였다. 기존 스마트폰 앱을 통해서 제어하는 것에서 더 나아가 음성인식 스피커를 통해서 세대 내 기기를 음성으로 제어할 수 있는 장점을 토대로 시장에 빠르게 안착할 수 있었다.

서비스를 이용하는 사용자들은 기존 모바일 앱을 통해서 제어하는 환경에서 세대 내 설치된 스피커를 통해서 음성으로 제어하다 보니 사용성 측면에서 편리함을 느끼게 되었다.

예를 들어 아파트의 엘리베이터를 호출할 때, "지니야 엘리베이터 불러줘"와 같이 말 한마디로 편리하게 제어할 수 있게 된 것이다.

[그림 2-12] KT 기가지니 아파트 서비스 출처: KT

 KT는 AI Home 사업 생태계 확장을 위해서 삼성전자, LG전자 등과 같은 가전사, 삼성물산, 현대건설 등의 건설사, 고퀄, 아카라코리아 등의 3rd Party 스마트업 제조사와 협력하여 홈 IoT 서비스도 제공하고 있다.

 2023년 KT에서 발표한 생성형 AI '믿음'의 경우 B2B 산업에 맞춰 적용할 계획이며, 아직 KT의 AI Home과 믿음과의 연계된 서비스 전략은 발표되지 않았지만, 믿음을 활용한 AI Home 서비스 출시도 고려해 볼 수 있을 것 같다.

② 네이버

 네이버는 인공지능 AI 플랫폼인 '네이버 클로바'를 기반으로 한 '네이버 스마트홈' 서비스를 출시하면서 AI Home 시장에 진입했다. 네이버 클로바를 통해 스마트홈 기기들을 음성과 모바일 앱에서 제어할 수 있는 기능을 제공한다. 네이버는 스마트홈 서비스 확산을 위한 AI 스피커를 개발하여, '네이버 클로바', '네이버 클락' 등 각각의 용도에 맞춘 기기들을 출시하고 있다.

[그림 2-13] 네이버 스마트홈 출처: 네이버

네이버도 AI Home 경쟁력 강화를 위해 제휴사 확대, 서비스 확대, 기술 개발에 중점을 두고 있다. 삼성전자, LG전자, 샤오미 등 가전 가전사와 제휴를 맺고 서비스를 지원하기 시작했으며, 네이버가 제공하고 있는 콘텐츠를 홈 디바이스에 적용하여 서비스를 확대해 가고 있다.

2023년 대규모 언어 모델인 '하이퍼클로바X'를 출시했다. 현재는 일부 서비스 및 산업에 적용된 모델만 나와 있지만, 네이버의 AI Home 서비스에 적용될 가능성도 존재한다. 서비스 도입 시 자연어 기반의 홈 디바이스 제어, 사용자 개인에 맞춘 제안, 음성 명령을 인식하고 이상 징후 파악 시 안전 및 보안 기능 강화 등 활용할 수 있는 범위는 넓을 것으로 예상된다.

아직 하이퍼클로바X를 AI Home 서비스에 적용하려는 구체적인 시나리오는 나오지 않았지만, 서비스가 적용된다면 사용자는 한 단계 업그레이드된 편리한 AI Home 서비스를 사용할 수 있을 것으로 기대한다.

정부 정책: 지능형 홈AI@Home 정책 발표

2023년 8월 9일, 정부는 국민 삶의 질 제고를 위한 지능형 홈 구축, 확산 방안을 발표했다. 지능형 홈이란 인공지능, IoT, 빅데이터 등 핵심 기술을 기반으로 생활 전 분야에서 홈 거주자의 삶의 질을 향상시키는 것을 말한다. 세계적으로 디지털 혁신의 선도 분야로 지능형 홈이 부상하고 있는 상황에서 우리나라 정부에서도 중요 정책으로 선정하여 국가 차원에서 관리하겠다는 목적으로 정책을 발표한 것이다.

과거 국내 스마트홈 시장은 월패드나 인공지능AI 스피커로 집 안에 한정되어 있는 기기만 제어할 수 있는 수준이었다면, 지능형 홈은 가전, 조명 등 집 안의 기기를 단일 글로벌 표준으로 연결하고, 인공지능 기반으로 맞춤형 서비스를 제공하는 것이 목적이다. 글로벌 시장에서는 스마트홈 표준인 매터 방식으로 확산되는 시기에 맞춰 생성형 인공지능과 접목한 편리한 서비스를 제공하는 지능형 홈으로 진화하는 추세이다. 이런 시장의 변화에 맞춰 정부에서도 체계적으로 지원하고자 '지능형 홈 구축과 확산 방안'을 발표한 것이다.

정책 방향은 3가지 전략으로 수립되었다.

첫 번째, 지능형 홈 생태계 조성이다. 지능형 홈은 여러 기업과 기관들이 협업하여 새로운 서비스를 만드는 생태계 확보가 중요하다. 이를 위해 '지능형 홈 선도 프로젝트'를 추진하기로 했고, 단계별로 프로젝트 로드맵을 수립하여 운영할 계획이다.

단계	주요 내용
1단계	글로벌 표준(Matter 등) 적용하여, 가정 내 설치 가능한 다양한 기기를 연결하여, 언제 어디서나 편리하게 제어할 수 있는 서비스 실증 프로젝트 진행 중 o 2개 실증 프로젝트 운영 중 (컨소시엄 구성) - 노인 헬스케어 서비스 개발 (낙상, 호흡 곤란, 움직임 감지 등) - 가족 구성원별 동선에 맞춰 기기가 작동하는 서비스 개발 (출입 등)
2단계	생성형 인공지능, 가정용 로봇 등 활용, 맥락을 이해하고 자율적으로 작동하는 글로벌 선도형 지능형 홈 실증 프로젝트 추진 - 외출 지원: 외출 시간, 요청에 맞춰 연결된 기기들이 자동으로 세팅됨 - 서비스 돌봄: 사람이 직접 돌보는 형태에서 케어 로봇 등 활용 로봇이 관리 형태로 전환
3단계	지능형 홈이 신속하게 확산될 수 있도록 "지능형 홈 인증"을 신설 및 브랜드화 - 지능형 홈 기업 간 협업을 위한 "지능형 홈 얼라이언스" 출범

두 번째, 지능형 홈 산업의 글로벌 경쟁력 강화이다.

구분	내용
글로벌 경쟁력 확보 및 해외 수출 지원	o 국내에서 글로벌 인증을 받을 수 있도록 글로벌 표준 "국제공인시험소"를 국내 구축 추진 o 중소기업의 애로 사항을 해결하기 위한 "지능형 홈 기술 지원센터" 구축 및 해외 진출 추진

구분	내용
애프터마켓 생태계 조성	o 건설사가 공동주택 건설 시 함께 구축하는 비포마켓 중심으로 형성에서 기축 주택에서도 쉽게 기기를 구매하여 연결할 수 있도록 "애프터마켓" 조성 지원 o 이용자의 요구에 맞춰 실내 공간 등을 설계 및 시공해 주는 "스마트 인테리어 산업"도 육성 o 경쟁력 있는 기기 개발을 위한 킬러 디바이스의 개발과 실증 지원
지능형 홈네트 워크 고도화	o 생성형 인공지능 기반의 서비스 개발에 필요한 학습용 데이터 구축 추진 o 차세대 와이파이 7 도입 추진 및 유선망은 100% 광전환 되도록 투자 촉진

세 번째, 지능형 홈 보안 강화 및 저변 확대이다. 누구나 안심하고 사용할 수 있도록 제로트러스트 실증을 추진하고, 우수 Software 인력 대상으로 지능형 홈 보안 전문화 교육을 통해 고급 보안 SW 개발자를 양성할 계획이다. 또한, 지능형 홈 기기에 대한 보안 인증 강화 및 보안 취약점 신고 포상제 운용을 추진하고, 국내외 영상 제공 사이트 모니터링도 지속할 예정이다.

정부에서는 글로벌 기업이 표준화 주도 및 서비스 차별화에 주력하고, 지능형 홈 시장이 빠르게 변화하는 추세에 맞춰, 지능형 홈 모델 및 서비스 발굴과 애프터마켓 육성 지원 등 신시장 창출에 주력할 계획이다. 이를 통해 국민 삶의 질을 높이며, 취약 계층의 복지까지 지원할 수 있는 지능형 스마트홈 시장 환경을 만들어 갈 것이다.

3장

AI Home x UI/UX

AI Home x UI/UX

AI Home 하면 어떤 모습이 떠오르는가? 우리는 각자 AI 즉 인공지능에 대해 알고 있는 지식이 다르기 때문에 떠오르는 모습도 제각각일 것이다. 누군가는 영화 〈아이언맨〉의 대 저택에서 인공지능 '자비스'가 해 주던 것들이 떠오르기도 했을 것이다. 자비스는 아이언맨의 주인공인 토니 스타크의 비서로서의 역할을 충실히 이행해 주는 AI 어시스턴트로 나온다. 토니 스타크는 자비스와 마치 진짜 비서와 이야기 나누듯 자연스러운 대화를 통해 자기가 원하는 것을 명령하고, 그 결과를 자비스로부터 음성과 3D 홀로그램 그리고 즉각적으로 실행된 결과 등을 여러 가지 형태로 피드백 받는다.

[그림 3-1] 〈아이언맨〉 영화 포스터 및 아이언맨 인공지능 자비스 Jarvis 출처: 아이언맨

영화에서 집과 관련하여 자비스가 보여 준 장면은 한 여성이 기상을 하자 자비스는 기상 시각과 현재 기온 정보 그리고 흐리다는 날씨의 상태를 알려준다. 집 근처 바닷가에서 서핑하기에 적당한 파도의 상태를 알려주고, 서핑할 때 필요한 정보인 만조 시간도 알려준다.

새로운 아이언맨 시리즈가 나올때 마다 자비스는 좀 더 발전된 모습을 보이는데, 분위기에 맞는 음악을 선곡하여 재생해 주고, 토니 스타크가 엑스포 개막식에 참석한 영상을 보고 입고 갔던 의상에 대한 감상평도 해 준다. 또 토니 스타크에게 줄 건강 음료를 믹서기에 갈면서 컵을 엎지르는 실수를 하는 장면에서는 "Oops!"라고 말하며 사람과 같은 인격을 갖추고 있는 듯한 모습을 보여 준다.

자비스는 감성적인 대화와 주관이 담긴 대화가 가능하며 생활적인 측면에서도 보다 많은 기능을 수행할 수 있게 발전된 모습을 보여 주었다.

[그림 3-2] <아이언맨> 영화 장면 출처: 아이언맨

당시 이러한 영화속의 모습들은 상당히 센세이션한 장면들이었다. "와, 진짜 미래에는 저렇게 생활할 수 있다고? 정말 대단한데?"라는 생각이 절로 들기도 하였다. 영화 속의 장면이 실제 생활에서 얼마나 구현이 되었을까?

이번 장에서는 AI Home을 UI/UX 관점에서 이야기해 보려 한다.

AI Home 서비스가 제공되는 집의 경우, 집 안에 있는 다양한 주거 설비, 전자제품, 스마트 기기들을 통합적으로 제어하고 모니터링하는 기능을 구현하여 사용하고 있다. 또 날씨와 위치 등과 연계하여 생활에 필요한 정보를 알려주는 기능도 구현되어 있어 〈아이언맨〉의 자비스가 집 안에서 주거 생활을 위해 지원해 주던 기능들이 실생활에 구현이 되고 있다.

최근 기존 AI보다 수백 배 이상의 대용량 데이터 학습을 통해 판단 능력이 인간의 뇌에 더 가깝게 향상된 언어 모델인 초거대 AI 서비스를 구글 제미나이 Gemini, Open AI 챗지피티 Chat GPT, KT 믿음, 네이버 하이퍼클로바X 등 여러 기업이 앞다투어 론칭하고 있다. 초거대 AI 기술이 AI Home과 결합하여 서비스를 제공한다면 그 발전의 속도는 더욱 빨라질 것으로 예상된다.

자비스가 인격이 부여된 것처럼 행동하던 감성적인 대화나 주관이 들어간 감상평, 사용자가 필요로 하는 정보를 검색하여 주요 내용을 정리해서 브리핑해 주는 맞춤형 정보 제공까지 더 다양하고 파워풀한 기능들이 실제 생활에서 가능해질 것으로 예상된다.

요즘 집에서 아침마다 AI Home 기능 중 하나인 모닝 브리핑 기능을 사용하는 사람들이 늘고 있다. 주중에 매일 아침 정해진 시간에 아무것도 하지 않아도 자동으로 오늘의 날씨, 미세먼지 정보, 뉴스 브리핑 등을 통해 그날의 주요 뉴스를 들을 수 있는 기능이다. 출근하기 위해 집을 나설 때 내가 탈 버스 도착 시간을 AI 어시스턴트에게 물어봐서 버스 도착 시간이 몇 분이나 남았는지 확인한 후에 버스 정류장으로 출발하여 버스를 기다리지 않고 바로 탈 수도 있다.

이 기능 외에도 다양한 AI 기능들이 실생활에서 이용되고 있으며, AI Home 기능이 발전하는 동안 기술과 사용자를 연결해 주는 UI/UX도 변화와 발전을 거듭해왔다.

1. UI/UX_{User Interface/User eXperience} 개념

살아가면서 편안하고 기본적인 생활을 영위해야 하는 집에서 발전된 IT의 기술이 집약적으로 구현된 것이 AI Home이고, 그 기술을 사용자가 생활 속에서 일상적으로 사용하려면 UI/UX를 반드시 통해야 한다.

UI/UX가 AI Home에 잘 구현이 된 경우에는 자연스럽게 물 흐르듯 사용자가 어려움 없이 일상에서 편안하게 다양한 기능을 사용할 수 있다. 그러나 UI/UX가 잘못 구현된 경우, 기능을 어떻게 사용하는지 직관적으로 알기 어려워 사용법을 알고 익히기까지 너무 많은 에너지를 쓰게 되고, 한두 번 사용해도 익숙해지지 않아 매번 메뉴얼을 확인해야 하는 불편함이 생겨 더 이상 사용을 하지 않게 되는 상황이 발생할 수 있다.

컴퓨터 기술이 보편화되면서 기술과 사람이 상호작용을 하며 소통하기 위해서는 사용자인 인간과 기술을 연결해 주는 장치인 인터페이스가 필요하였다. 기술이 발전하면서 그 기술을 사용하는 사용자가 늘어나고 다양해지면서 인터페이스의 역할이 중요해진 것이다. 아무리 좋은 기술이라도 사용자가 없다면 무용지물이 되기 때문에 많은 사용자가 기술을 제대로 사용할 수 있도록 사용자 중심의 인터페이스로 발전하면서, 본격적으로 UI/UX라는 용어가 사용되기 시작하였다.

UI/UX는 둘 다 U로 시작되어서인지 둘 간의 차이점이 분명히 있음에도 불구하고 많은 사람은 여전히 UI와 UX를 같은 개념으로 알고 있거나 혼동하여 사용하는 경우가 종종 있다.

UI사용자 인터페이스 개념

UI는 User Interface의 약자로 '사용자와 기술 간의 상호작용을 하는 사용자 중심의 인터페이스'를 의미한다. 사용자가 조작을 통해 상호작용을 일으킬 수 있는 소프트웨어, 웹, 모바일 앱, 제품의 조작부 등의 영역에 해당한다.

UI가 UX보다 먼저 용어로서 등장하여 사용되었는데, UI라는 용어는 세계적인 디자인 컨설팅 회사인 IDEO의 공동 설립자인 빌 모그리지Bill Moggridge 가 1984년 그의 저서 《컴퓨터 소프트웨어의 사용성에 대한 연구》에서 'Interaction Design'이라는 용어를 처음 사용하였고, 이를 계기로 1980년대 중반부터 HCIHuman Computer Interaction 분야를 중심으로 UI에 대한 논의가 시작되면서부터 본격적으로 사용되었다.

사용자와 기술 간의 상호작용을 일으키는 인터페이스 영역으로 컴퓨터 초기 DOSDisk Operating System 로 운영되던 시절에는 명령어를 텍스트로 입력하여 조작하는 CLICommand Line Interface 방식으로 적용되었다. 그러다 컴퓨터 기술이 진화하여 마우스를 활용한 모니터에

그래픽이 제공되는 환경이 갖추어지면서 GUI Graphic User Interface 형태로 발전하였다. 최근 인공지능이 발전하면서 Voice UI가 적용되기 전까지는 GUI = UI가 대표적으로 인식되었고, 화면의 레이아웃, 색상, 폰트, 버튼, 아이콘, 모션과 같은 시각적 형상을 의미하는 용어로 주로 사용되었다.

그러다 기술 중심적 사고에서 사용자 중심적 사고로 전이되는 과정에서 사람이 기술을 조작하는 단순 인터페이스적 측면에서 벗어나 사용자의 편의와 효율적인 프로세스로 인터페이스를 개선하는 역할까지 확장되었다. 확장된 UI의 개념은 사람과 기술의 상호작용에 있어 사용자 경험적 측면에 미치는 영향이 컸기 때문에 UI가 곧 UX라고 혼동을 유발하기도 했다.

UI는 컴퓨터 시스템의 사용성을 결정하는 중요한 요소이다. 잘 디자인된 UI는 사용자가 컴퓨터 시스템을 쉽게 배우고 사용할 수 있도록 도와주는 반면에, 잘못 디자인된 UI는 사용자가 컴퓨터 시스템을 사용하는 것을 어렵게 만들고, 심지어 이용하려는 사용자의 의도를 좌절시킬 수도 있다.

① 좋은 UI 기획 원칙

좋은 UI 기획을 위해서는 몇 가지 원칙이 적용되어야 한다.

첫째, 사용자를 중심으로 적용해야 한다. UI는 개발자 중심이 아닌 사용자의 요구와 목표가 중심이 되어 사용자에게 쉽게 이해되고 사용될 수 있는 정보 구조로 적용해야 한다.

둘째, UI는 일관된 디자인을 유지해야 한다. 유사한 기능이 그때 그때 달리 적용된다면 사용자는 매번 학습을 해야 하므로 소모적일 수밖에 없어 일관된 디자인을 통해 별도의 학습 없이도 효율적으로 사용할 수 있도록 적용되어야 한다.

셋째, UI는 사용하기 쉽고 이해하기 쉽게 단순해야 한다. 복잡한 것을 단순하게 적용하기 위해 기획자는 전체의 내용을 먼저 파악한 후 기능별로 묶고 또 묶는 복잡한 과정을 거쳐 단순화하는 작업을 여러 번 수행해야 한다. 이런 과정을 통해 사용자에게 필요한 정보를 명확하고 간결하게 적용할 수 있다.

넷째, UI는 효율성 있게 적용되어 사용자가 원하는 목적에 쉽고 빠르게 도달할 수 있어야 한다. 가끔 건축물에서 문 하나가 잘못난 것 때문에 한참을 돌아가야 하는 경우를 경험해 보았을 것이다. 사람이 자주 다니는 동선을 파악하여 적합한 장소에 문을 냈다면 불필요하게 돌아갈 필요가 없다. 이처럼 UI도 사용성이 연결되는 이용 동선을 고려하여 효율적으로 적용되어야 한다.

다섯째, UI는 시각적으로 매력적인 미적 요소를 고려하여 적용되어야 한다. 우리 속담에 이왕이면 다홍치마, 동가홍상이란 말도 있지 않은가? 보기에도 아름답고 마음에 들어야 사용할 마음이 더 생기게 될 것이다.

이처럼 UI가 잘 적용된 경우 사용자는 쉽게 제품이나 서비스, 시스템을 이해하고 효과적으로 사용할 수 있어 기술과 사용자 간의 원활한 상호작용이 가능하다. 사용자는 제품, 서비스, 시스템을 사용하기 위해 큰 노력을 기울일 필요가 없기 때문에 사용성 향상으로 이어지고, 사용자에게 호감과 신뢰감을 줄 수 있으며, 편리하고 만족스러운 경험을 통해 좋은 인상을 남길 수 있다.

그러므로 좋은 UI는 궁극적으로 제품이나 서비스, 시스템의 경쟁력 강화에 도움이 되는 중요한 수단이 된다.

UX사용자 경험 개념

UX는 User eXperience의 약자로 '사용자 경험'을 의미한다. 사용자가 제품, 서비스, 시스템을 사용하면서 오감을 통해 느끼고, 생각하고, 인지하는 총체적인 경험을 아우르는 말이다.

UX는 사용자가 경험하는 매 순간 만족과 쾌감을 최대로 느낄 수 있도록 하기 위한 프로세스와 방법론이 중요하다. UX는 철저하게 사용자 중심적 사고를 기반으로 해야 하며, 제품, 서비스, 시스템을 사용하는 동안 사용자 여정에 따라 사용자의 맥락을 올바르게 해석하여 그 의도를 충족시킬 수 있도록 적용되어야 한다.

사용자의 경험에 초점이 맞춰진 UX가 적용되는 분야는 매우 넓다. UX도 디지털과 관련된 용어라 소프트웨어, 웹사이트, 모바일 앱 등의 분야에서만 적용될 것 같지만, 우리가 자주 사용하는 가전기기나 자동차와 같은 다양한 제품군에도 적용이 되고, 눈에 보이지 않는 금융, 의료, 교육, 전자상거래 등과 같은 서비스군에서도 적용된다.

UX는 사용자의 관점에서 사고하는 것이 핵심이며, 사용자가 제품, 서비스, 시스템을 이용하면서 상호작용하는 과정에서 느끼는 감정, 만족도, 효율성 등이 모두 포괄된 개념이라고 할 수 있다. 사용자가 경험 중에 체감하는 만족도를 높이고, 사용 목적을 달성하는 과정에서 효과적이고 편리함을 느끼게 할 수 있다면 좋은 UX라고 할 수 있다. 단순히 기능이나 프로세스에 대한 만족도뿐만 아니라, 사용자가 참여하고, 사용하고, 관찰하고, 상호 교감하는 모든 과정에서 최적의 경험을 제공하는 것을 목표로 한다. 잘 적용된 UX는 사용자에게 만족스러운 경험을 제공하기 때문에 사용자의 충성도를 높일 수 있고 이를 통해 비즈니스의 성공 가능성도 높이는 중요한 역할을 한다.

UX라는 용어는 1990년대 초반에 인지과학의 대부인 도널드 노먼Donald Norman이 처음으로 사용했다. 〈비즈니스 위크〉 지가 선정한 세계에서 가장 영향력 있는 디자이너로 유명한 도널드 노먼은 혁신의 아이콘인 애플의 부사장과 디자인 전문 기업인 IDEO 이사를 역임하였고, 디자인 컨설팅 기업으로 유명한 '닐슨 노먼 그룹

Nielsen Norman Group'의 공동 설립자이다. 미국 UCSD University of California San Diego 인지과학부 등 명예교수로도 활동하였고, 카이스트 산업디자인학과 석학 교수로 초빙되어 국내 학계와도 인연이 있다.

도널드 노먼은 그의 저서인 《The Design of Everyday Things 디자인과 인간심리》에서 사용자 중심 디자인과 사용자 경험 개선에 관한 핵심 원칙을 제시하며 사용자 중심의 UX에 관한 개념을 다루었고, 이를 통해 UX라는 용어에 대한 대중의 관심이 높아지는 계기가 되었다.

1990년대 중반부터는 인터넷과 모바일이 기술적으로 발전하고 보급이 확대되면서 UX가 더욱 광범위하게 사용되기 시작하였다. 21세기 들어서면서부터는 UX가 소프트웨어, 제품, 서비스 등의 사용자 경험 영역뿐만 아니라 기업에서도 중요한 전략적 요소로 인식되며 UX에 대한 교육과 연구가 확대되었다.

국내에서는 2000년대 초반부터 UX라는 용어가 본격적으로 알려지기 시작했다. IT 기술의 발전과 함께 글로벌화 되면서 국내 IT 기업들이 글로벌 기업들과 경쟁하는 시장 환경이 조성되었고, 국내 IT 기업들은 글로벌 기업들과의 경쟁 우위를 선점하기 위한 노력의 일환으로 UX에 관심을 기울이기 시작했다. 이때부터 국내에서도 UX 전문가 양성을 위한 교육과 연구의 기틀이 마련되어, 국내에 UX 디자인 관련 협회가 설립되는 등 UX의 중요성에 대한 인식과 함께 UX 관련 활동이 국내에서도 확산되었다.

UX는 웹과 모바일을 중심으로 한 디지털 인터페이스 경험으로서 협의의 개념부터 서비스 경험 디자인, 기업 경영의 핵심 전략으로서의 광의의 개념까지 폭넓게 그 개념이 활용되면서 사람마다 이해의 폭이 달라 다소 혼란스럽게 느껴지기도 한다.

하지만 UX는 사용자의 맥락을 통합적 관점으로 이해하고, 그것을 기반으로 하여 궁극적으로 사용자의 경험을 개선해 주는 것에 초점을 맞춘다는 점에서 협의든 광의든 통일된 개념으로 해석할 수 있다.

UX는 고정불변의 개념이라기보다는 새로운 기술과 트렌드의 등장에 따라 지속적으로 발전하고 있는 분야로 적용 방법론이나 원칙도 계속해서 진화해 가고 있고, UX를 적용할 수 있는 영역도 점점 더 넓어질 것이다.

UX는 앞으로 AI Home환경에서 더욱 중요하게 부각될 것으로 예상된다. 기술이 발전할수록 UI 조작을 통해 사용자가 가정 내 기기를 제어하기보다는 시스템이 자동화되어 요즘 말로 알아서 깔끔하고 센스 있게 제공될 날이 멀지 않았기 때문이다. 향후 기술은 겉으로 드러나지 않은 가운데 사용자의 경험을 최적화해 주는 쪽으로 발전되는 흐름을 보일 것으로 예상되기에 UX는 더욱 중요한 핵심 경쟁력이 될 수밖에 없다.

사용자의 경험을 최적화해 주는 것이 어떤 것인지 이해를 돕기 위해 몇 가지 예시를 살펴보자.

우리 생활 속에서 잘된 UX를 많이 찾아볼 수 있다. 자동차의 UX를 한번 살펴보자. 자동차 UX를 예시로 들려는 이유는 독자 중에 AI Home을 직접 경험해 본 경우보다 자동차를 직접 경험해 본 경우가 많기 때문에, AI Home을 아직 경험해 보지 못한 독자들도 자동차 사례를 들어 이해를 돕기 위함이다.

① 자동차 열쇠

자동차 문을 열려면 차 열쇠가 필요하다. 예전에는 차 열쇠를 가방이나 주머니에 보관하다가 차량 앞까지 가서 문손잡이 부분의 열쇠 구멍에 넣고 돌려서 문을 열어야 했다. 가방 속에서 작은 자동차 열쇠를 찾기 위해 차량 앞에 서서 가방 속을 여기저기 뒤적거리는 모습이 자주 목격되곤 했다.

그러다 차 문을 리모컨으로 열 수 있는 시대가 되었다. 리모컨을 통해 멀리서도 '뽀뽁' 하고 문을 열 수 있게 되었다. 차 열쇠로 직접 문을 열지 않아도 리모컨으로 차를 향해 열림 버튼을 눌러 주기만 하면 차로 걸어가면서 자동차 문을 열 수가 있었다.

그러나 여전히 리모컨을 가방이나 주머니에서 꺼내서 차량을 향해 눌러 주어야 하는 번거로움은 존재했다.

[그림 3-3] 자동차 열쇠로 여는 UX　　[그림 3-4] 리모컨키로 여는 UX **출처: View H**

　그럼에도 리모컨을 사용해서 문을 여는 것만 해도 당시에는 편리하다 생각했고, 그러다 스마트키가 나오면서는 더 이상 가방이나 주머니 속을 뒤지며 자동차 열쇠를 찾을 필요가 없어졌다. 자동차 열쇠를 가방이나 주머니에 가지고 있으면 문손잡이에 달린 버튼을 눌러 문을 열 수 있게 되었다. 지금은 스마트키가 더 발전해서 자동차 손잡이를 문을 열기 위해 자연스럽게 잡으면 문이 열린다. 예전에는 열쇠를 손가락에 끼고 다닐 정도로 자동차보다 열쇠를 먼저 생각했는데, 요즘은 자동차 열쇠의 존재를 잊고 있다가 어느 날 가방을 바꾸거나 외투를 바꾸어 입어 차 열쇠를 안 가지고 온 날 차문이 안 열렸을 때야 비로소 "아 맞다. 차 열쇠를 집에 두고 왔네" 하고 인지하게 된다.

[그림 3-5] 손잡이만 잡으면 문이 열리는 UX 출처: 현대자동차

이 예시를 통해 UI/UX를 생각해 보자. 사용자가 자동차의 문을 여는 경험은 자동차의 열쇠에서부터 리모컨 그리고 스마트키까지 변화해 왔다. 열쇠를 사용하는 사용자는 불편함을 느꼈고, 사용자의 편의를 향상하기 위해 누군가는 '리모컨을 도입해 보면 어떨까?'라는 아이디어를 통해 기술이 개발되었고, 사용자를 더 편리하게 하기 위해 차 열쇠를 꺼내지 않아도 되는 아이디어를 발전시켜 스마트키 기술이 도입되며 차 문과 사용자 간의 UI가 열쇠 구멍에서 손잡이를 잡기만 해도 문이 열리는 방식까지 진화하였다.

자동차 문을 여는 방식에 있어서 가장 편리한 UX는 사용자가 열쇠의 존재는 잊고 자연스럽게 내 집 방문 열 듯 차량 손잡이를 잡기만 해도 문이 열리는 것이라고 볼 수 있다. 진짜 편리한 것은

'편리하네!' 하고 매번 인식하는 것이 아니라 부지불식간에 사용하고 있다가 그것이 없을 때 그제서야 비로소 불편함을 느끼는 것이 아닐까 생각한다. 마치 산소와 물처럼 말이다. 기술적으로 어딘가를 터치해야 하는 UI가 반드시 필요한 상황에서 UX적으로 사용자에게 가장 편안한 경험을 준 사례를 살펴보았다.

② 자동차 시동을 끄더라도 멈추지 않는 음악

자동차를 타고 가면서 라디오를 듣거나 음악을 듣는 경우가 자주 있다. 그러다 목적지에 도착해서 자동차의 시동을 끄면 자동차에서 동작하던 모든 기능은 일제히 멈춘다. 흘러나오던 음악도 예외는 아니다. 그런데 도착하자마자 시동 끄고 바로 내리는 경우도 있지만, 약속 장소에 조금 일찍 도착하는 경우에는 연료 절약을 위해 시동을 끄고 잠시 차에서 핸드폰을 확인하거나 가방을 챙기거나 하면서 약속 시간이 될 때까지 내리지 않고 무언가를 하는 경우도 많이 있다.

어떤 차는 시동을 끔과 동시에 음악도 열선 시트도 히터/에어컨 등도 모두 동시에 꺼진다. 어떤 차는 시동을 끄더라도 차에서 머무르는 사용자에게 여전히 필요한 음악과 열선 시트, 히터/에어컨 등은 동작을 멈추지 않고 계속된다. 사용자가 차에서 내리기 위해 문을 열기 전까지는 말이다. 이 얼마나 세심한 UX적 배려인가? 하나를 보면 열을 안다고 이런 디테일한 부분까지 UX를 신경 쓰는 기업의 자동차는 운전 시에도 편리하고 안전한 UX가 제공되는 경우가 많고, 그러다 보니 자동차 브랜드에 대한 호감이 자연스럽게 상승하게 된다.

예시에서 살펴본 바와 같이 자동차는 발전해가는 기술의 조작에 초점을 맞춘 UI 중심에서 사용자의 맥락을 이해하여 더 좋은 경험을 제공해 주는 UX 중심으로 빠르게 진화해 가고 있다.

우리가 가장 편안하게 머무는 공간인 주거 공간에서의 UX도 마찬가지다. AI Home 역시 기술적 측면에서는 자동차 못지않게 최첨단의 기술이 많이 개발되어 있다. 주거 시설은 집을 짓는 건축 행위가 필요하여 자동차에 비해 기술이 적용되는 기간이 길고, 사용자 입장에서도 자주 이사를 다니는 것은 아니므로 AI Home이 적용된 주거지에서 생활해 볼 수 있는 기회가 제한적이기 때문에 경험해 본 사용자가 많지 않을 뿐이다.

그러나 현재 아파트와 주택 등 더 많은 주거 공간에 AI Home 기술이 적용되고 있고, AI Home이 적용된 환경에서 생활해 본 사용자도 점점 늘어나고 있다. 기업들도 경쟁적으로 새로운 기술을 적용하여 AI Home 주거 형태가 대세화되면서 자동차와 같이 기술을 적용하는 방향이 UX 중심으로 향해 가고 있다.

UI와 UX의 차이점

앞서 살펴본 바와 같이 UI와 UX는 차이점이 분명히 존재하면서도 상호 간에 밀접한 관련성이 있어 떼려야 뗄 수 없는 관계이다. UI와 UX는 용어가 유사하다 보니 대충 비슷한 개념으로 알고 넘어가는 경우가 많다. 하지만 UX는 X, 즉 'eXperience 경험'에 중심을 두고, UI는 I 즉 'Interaction 상호작용'에 중심을 두고 있어 둘의 개념은 분명하게 차이가 있다.

시기적으로 UI가 먼저 사용되었고 UX가 이후에 나온 개념이라 우리가 말할 때는 UI/UX, 즉 UI를 먼저 말하지만, 개념적으로 보면 UX가 더 큰 개념으로 UI를 포함하는 것으로 보는 견해가 더 많다.

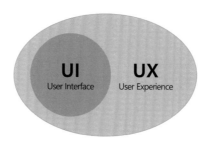

[그림 3-6] UI와 UX 관계도

UI는 시스템과 사용자 간의 상호작용하는 인터페이스를 중심으로 사용자 경험을 직접적으로 향상시키기 위한 UX의 여러 유형적인 요소 중 하나로 볼 수 있다. 그리고 UX는 사용자 경험의 중요한 요소 중 하나인 UI를 포함하여 총체적으로 사용자가 생각하고 느낄 수 있는 모든 경험적 측면을 다루는 차원이라는 점에서 두 용어 간의 차이점이 발생한다.

UI/UX를 설명하는 이미지로 케첩 병이 자주 예시로 등장한다. 좌측과 우측에 다른 모양이 그려져 있는 케첩 병 위에 좌측은 UI 이고 우측은 UX라고 쓰여 있는 이미지가 자주 등장하는데, 사실 케첩 병 둘다 UI이다.

[그림 3-7] UI와 UX 잘못된 사례 설명 출처: Patrickhansen.com

케첩 프로덕트 이라는 음식물을 사용자 User가 이용할 수 있게 해 주는 것이 케첩 병 인터페이스 이기 때문이다. 이 관점으로 본다면 좌측이든 우측이든 둘 다 케첩 병이기 때문에 모두 UI이다. 그러나 좌측의 케 첩 병보다는 우측의 케첩 병이 더 좋은 UX를 제공해 주고 있다.

좌측의 케첩 병은 사용자 경험 UX 측면에서 거꾸로 들고 흔들며 힘겹게 케첩을 빼내야 하는 어려움이 있고, 우측의 케첩 병은 병 뚜껑이 아래로 달려 있어 언제든 케첩이 병뚜껑을 향해 아래로 모 여 있기 때문에 사용자는 쉽게 케첩을 빼낼 수 있는 좋은 사용자 경험 UX을 제공해 준다는 점에서 UX적으로 큰 차이가 있다.

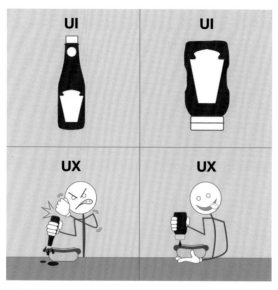

[그림 3-8] UI와 UX 올바른 사례 설명 출처: Patrickhansen.com

이렇게 UI와 UX는 서로 다른 개념이지만, 결국 사용자에게 좋은 UX 경험을 주기 위해서는 UI 형태도 그에 맞는 방향으로 같이 달라져야 한다.

이렇듯 UI와 UX는 서로 밀접한 관련이 있어 사실상 분리하여 작동할 수 없고 함께 잘 어우러져 적용되어야만 사용자에게 최적의 경험을 제공할 수 있다. 마치 닭이 먼저냐 달걀이 먼저냐처럼 UI가 잘 설계되어야 UX도 잘 설계될 수 있고, UX가 잘 설계되어야 UI도 잘 설계될 수 있다.

	UI	UX
의미	사용자 인터페이스의 약자로 사용자와 시스템 간의 상호작용하는 방법을 의미함	사용자 경험의 약자로 사용자가 제품 또는 서비스 등을 사용하는 동안 느끼는 총체적인 경험을 의미함

	UI	UX
범위	제품, 서비스, 시스템과 상호작용하는 주로 유형적 요소	제품, 서비스, 시스템을 사용하는 유무형의 총체적인 경험
중점 사항	상호작용을 위한 인터페이스 영역이므로 레이아웃, 색상, 아이콘, 버튼, 형태, 메뉴, 그래픽 등 주로 사용자와 시스템 간 접점에 있는 유형적 요소에 중점을 둠	사용자가 제품 또는 서비스 등을 사용하는 과정에서 경험하는 모든 감정, 매력도, 이해도, 만족도, 사용 편의성, 효율성 등 유·무형적 요소 전부에 중점을 둠 (UI 요소를 포함함)
적용 목표	사용자가 제품 또는 서비스를 직관적으로 이해하고 쉽게 조작할 수 있도록 함	사용자가 사용의 목적을 달성하는 과정에서 느끼는 다양한 경험의 만족도를 극대화할 수 있도록 함
전문가 분야	그래픽 디자이너, 웹디자이너, 프론트엔드 개발자 등 주로 디자이너가 수행함	User Resercher, IA(Information Architecture)전문가, 인터렉션 디자이너 등 디자이너뿐만 아니라 개발자, 마케터 등 다양한 분야의 전문가들이 협업하여 수행함

[표 3-1] UI와 UX 비교

2. AI Home의 UI/UX 기획

홈 IoT와 AI Home의 UI/UX 비교

① 홈 IoT UI/UX

AI Home으로 진화하기 전에 사물인터넷으로 잘 알려진 홈 IoT Internet of things 기술이 먼저 주거 환경에서 사용되었다. 초기에 사용자는 자기가 필요로 하는 홈 IoT 연결 기능이 탑재된 스마트 기기 가전제품, 스탠드 조명, 블라인드 등를 직접 구매하여 인터넷에 연결하였고, 모바일 앱을 통해 연결된 스마트 기기를 제어하였다. 개별적으로 스마트 기기를 구매하고 기기마다 모두 인터넷을 연결해 주는 다소 번거로운 과정을 거쳐야 했기 때문에 주로 얼리버드라 자칭하는 프런티어들이 먼저 홈 IoT를 집 안에 도입하여 사용하였다.

홈 IoT를 사용하려면 인터넷 연결을 지원해 주는 기기여야 하므로 기존에 멀쩡히 사용 중인 일반 기기를 두고 홈 IoT를 사용하겠다고 추가로 비용을 들여 구매하는 경우가 많지 않아 초기 홈 IoT가 범대중적으로 확장되는 것에는 다소 한계가 있었다.

초기 홈 IoT UI/UX는 모바일 앱을 통해 제공되었는데, 간단한 시나리오를 기반으로 기기를 끄고 켜는 정도의 단순한 제어 기능이 제공되면서 UI/UX도 기기를 제어하고 상태를 조회할 수 있는 정도의 다분히 기본적인 UI 중심으로 제공되었다.

반면 기기를 인터넷과 연결하는 설정 방식은 대부분 수동적으로 사용자가 직접 하는데, 연결 과정이 비교적 복잡하고 사용자 친화적이지 않은 방식으로 제공되어, 기기를 직접 인터넷에 연결해 본 경험이 별로 없는 대부분 사용자는 설치에 어려움을 겪을 수 밖에 없었다. 더구나 여러 제조사에서 출시한 홈IoT 기기에 표준화된 플랫폼이 없어 연결하는 방식도 제각각이었고, 기기 간의 호환성도 낮아 제조사별로 각기 다른 모바일 앱이 제공되었다. 그러다 보니 사용자는 여러 개의 모바일 앱을 설치해야 하는 번거로움이 있었고, 통합적으로 기기를 제어하기도 어려웠다.

모바일 앱별로 조작 방식이나 모니터링 방식도 상이하고, 제조사별로 UI/UX 역량도 다르다 보니 통일되고 일관된 UX 경험을 사용자에게 제공해 주지 못했다.

그러나 이런 제약 사항에도 불구하고 기기마다 인터넷이 연결되어 집 안에 누워서든 집 밖에서든 언제 어디서나 모바일 앱을 통해 원격으로 집 안에 있는 기기를 제어하고 모니터링할 수 있다는 자체만으로도 사용자에게 새로운 경험을 제공하는 측면에서 큰 혁신이었고 신선한 충격이었다.

② AI Home UI/UX

사용자가 홈 IoT를 통해 직접 구매한 스마트 기기를 제어하다 보니 편리함을 느낄 수 있었고, 그러다 보니 원래부터 집 안에 있던 주거 설비 시설까지 통합적으로 제어하고 싶은 니즈가 자연스럽게 생겨났다. 한두 개의 스마트 기기를 인터넷으로 연결하여 어디서든 쉽게 제어하는 경험을 해보니 편리함을 느껴 더 많은 영역을 제어하기를 원하게 된 것이다. 가전제품 같은 경우에는 사용자가 필요할 때 홈 IoT 기능이 지원되는 것으로 구매해서 사용할 수 있지만, 집에 이미 설치된 거실 천장 조명이나 보일러 등의 주거 설비를 교체하여 인터넷과 연결하는 것은 비용도 많이 들고 쉬운 일은 아니었다.

공상과학 영화에나 등장하던 인공지능 기술이 음성으로 대화가 가능한 인공지능AI 스피커 형태로 우리의 거실에 보급되기 시작하였다. 초기 AI 스피커 시장은 주로 가정용으로 타깃팅 되어 보급되기 시작했는데, 집 안에서 TV를 켜고 끄고, 음악 재생, 일정 알림, 알람 기능, 뉴스 읽어 주는 기능 등 홈 비서로서의 역할을 담당하였다. 집 안에서 생활의 편의성을 높이는 쪽으로 서비스가 제공되다 보니 자연스럽게 홈 IoT와 연결되어 집 안에 있는 스마트 기기를 음성으로 제어하는 서비스까지 확장되었다.

음성 제어의 가장 큰 장점은 사용자가 사용할 때 설정된 루트를 통해 순서대로 접근하여 원하는 것을 실행시킬 수 있는데 반해, 음성 제어는 음성 명령 한 번으로 마지막 순서에 바로 접근하여 원하는 기능을 즉시 실행시킬 수 있다는 점이다. 예를 들어 원격으로 스탠드 조명을 켠다고 했을 때 모바일 앱의 UI/UX는 모바일 앱을 눌러서 실행시키고, 앱 화면에 진입하여 해당 조명기기를 찾고, 거기서 조명 on/off 기능을 눌러서 실행시킬 수 있다. UI/UX가 잘 적용된 경우에도 3단계를 거쳐야 하고, 잘 적용되지 않으면 더 많은 세부 화면이 있어 4~5단계까지 거쳐야 하는 경우도 있다.

그러나 음성Voice UI/UX는 "00아호출어… 스탠드 켜줘음성 명령" 이렇게 말 한마디로 즉시 실행이 가능하다.

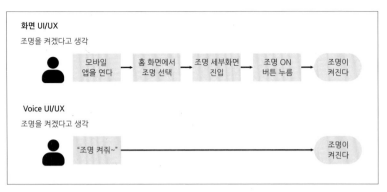

화면 UI/UX

조명을 켜겠다고 생각

모바일 앱을 연다 → 홈 화면에서 조명 선택 → 조명 세부화면 진입 → 조명 ON 버튼 누름 → 조명이 켜진다

Voice UI/UX

조명을 켜겠다고 생각

"조명 켜줘~" ──────────────── 조명이 켜진다

[그림 3-9] 화면 UI/UX vs. Voice UI/UX

이런 편리성에 대한 경험이 쌓이면서 사용자는 더 많은 기능을 Voice UI/UX를 통해 즉시 실행되는 것을 생각하기 시작했다.

홈 IoT를 원격으로 제어하는 사용자 경험과 AI 스피커를 통한 음성 제어의 사용자 경험이 늘어나면서 사용자는 집 안에 있는 모든 주거 설비를 포함한 기기를 AI로 연결하여 음성이나 원격으로 제어하기를 원하게 되었다. 이러한 시장의 니즈를 파악한 IT/통신업계, 홈네트워크 업계, 건설업계는 상호 협력을 통해 아파트와 주택을 건설할 때부터 미리 설계에 반영하여 집 안에 있는 전기 설비, 냉난방 설비, 가스 설비 등 여러 주거 설비가 인터넷으로 연결될 수 있는 환경으로 구축하기 시작하였고, 그렇게 AI Home 시장이 시작되었다.

홈 IoT와 AI Home은 둘 다 집 안에서 사용되는 기기를 인터넷으로 연결하는 기술이지만, AI Home은 홈 IoT 기반에 인공지능AI 기술을 더하여 지능적으로 제어하는 기술이 더해졌고, 거기에 사용자가 구매한 스마트 기기뿐만 아니라 건설 당시부터 매립하여 설치된 각종 주거 설비까지도 한꺼번에 통합적으로 제어할 수 있는 기능까지 포함된 보다 고도화되고 확장된 개념이라고 볼 수 있다.

AI Home 기술로 집 안에서 기기 제어의 편리함이 제공되는 것은 물론이고, AI를 통한 자율적인 학습과 자동화를 통한 지능적인 제어로 효율성까지 높여 줄 수 있게 되었다.

예를 들어, 홈 IoT는 사용자가 직접 조명을 켜고, 음악을 골라서 재생했다면, AI Home은 사용자의 행동 패턴을 분석하여 사용자가 원하는 시간에 자동으로 조명을 켜고, 사용자가 좋아하는 음악을 분석하여 재생할 수 있다. 즉 홈 IoT는 단순히 다양한 기기들을 연결하여 원격 제어가 가능한 홈 환경을 제공하였다면, AI Home은 원격 제어를 포함하여 그 연결된 기기들로부터 데이터를 수집하고, 학습하여 더 지능적으로 개인에게 최적화된 서비스를 제공하면서 인공지능 기능이 포함된 더 스마트한 홈 환경을 제공해 주고 있다.

AI Home이 홈 IoT를 아우르는 더 상위 개념이므로 홈 IoT 모바일 앱의 UI/UX는 AI Home으로 계승 발전되고 있다. AI Home 기술이 고도화되고 집 안의 모든 주거 설비를 대상으로 확대되면서 UI/UX도 모바일 앱, 월패드, 태블릿PC, 스마트 TV 등 다양한 디바이스에 확장 적용되고 있다. 여러 종류의 디바이스를 통해 집 안의 기기 상태를 한눈에 확인할 수 있는 대시보드 형태로 활용되기 시작하였고, AI 스피커를 통해 음성으로 제어하는 Voice UI/UX가 새롭게 도입되는 등 다양한 디바이스와 적용 방식에 맞는 UI/UX로 진화하게 되었다.

사용자는 기기의 제어와 상태 조회에서 만족하는 것이 아니라 전력 사용량을 그래프 차트로 보여 주는 등 모니터링 기능을 통해 에너지를 절약할 수 있기를 있고, 침입자를 감지하여 집 안이 더욱 철저한 보안 속에 유지되며 사용자의 몸 상태를 지속 관찰하여 건강도 미리 관리해 줄 수 있는 등 보다 고도화된 기능에 대한 요구도 증가하고 있다.

그뿐만 아니라 사용자의 선호도나 행동 패턴을 분석하여 개인적으로 맞춤화된 서비스가 제공되기를 바라며, 획일적인 UI/UX를 벗어나 사용자에 따라 자주 사용하는 메뉴가 전진 배치되는 등 개인화된 UI/UX를 제공해 주기를 원하고 있다.

이렇듯 다양하고 고도화되고 있는 기능을 사용자가 쉽게 접근하여 AI Home 기술의 이점을 누리기 위해서는 최대한 쉽고 직관적으로 이해할 수 있는 UI/UX가 제공되는 것이 무엇보다 중요하다. 난해하고 복잡해 보이는 UI/UX는 사용 자체의 포기를 야기할 수 있기 때문이다. 기술이 고도화될수록 더 단순한 UI/UX가 제공될 때 AI Home의 효율성, 편리성, 만족도가 향상될 수 있다.

특히 AI Home은 기존에 있던 기술이 아니고 새롭게 적용되는 기술이니만큼 사용자가 제시하는 의견에만 의존할 것이 아니라 사용자의 의도와 니즈를 먼저 예측하고 파악하여 UI/UX를 설계하는 것이 중요하다. AI Home은 복합적인 기술이므로 사용자가 설정해야 하는 영역을 최소화하고, 화면 구성을 최대한 직관적이고 단순하게 구성하여야 하며, 아이콘과 메뉴들을 한눈에 찾을 수 있도록 기획해야 한다.

AI Home UI/UX 기획 고려 사항

AI Home의 UI/UX는 사용자가 연결된 다양한 기기를 편리하게 제어할 수 있고 관리할 수 있도록 사용자의 편의성, 안전성, 확장성, 보안성 등을 고려하여 효과적으로 설계되어야 한다. 이를 위해 직관적이고 효율적인 사용자 인터페이스ui와 사용자 경험ux을 갖추는 것이 중요하다.

① UI사용자 인터페이스적 측면

AI Home은 사용자의 니즈에 따라 다양한 기기를 언제든 쉽게 추가하고 통합적으로 관리할 수 있도록 확장성을 갖춘 사용자 친화적인 인터페이스가 필수이다. 다양한 카테고리의 기기가 다수 연결되어 있으므로 적합하게 잘 그룹화하여 각 기기의 상태를 사용자가 직관적으로 파악할 수 있도록 시각적으로 표현되어야 한다.

직관성은 AI Home UI/UX적 측면에서 가장 중요한 요소인데, 사용자가 제어하는 방법을 찾기 위해 많은 시간과 노력을 기울이지 않고 쉽게 사용할 수 있어야 한다. 이를 위해 화면에 나타난 기기가 켜진 상태인지 꺼진 상태인지 한눈에 파악할 수 있는 그래픽을 사용하여야 하며, 현재 상태와 앞으로 일어날 상황을 미리 예측할 수 있도록 인터렉티브한 요소를 도입하여야 한다. 복잡한 기능일수록 명확한 아이콘이나 타이틀 그리고 간결한 설명 문구를 적재적소에 두어 사용자가 무엇을 어떻게 해야 하는지 쉽게 이해하고 행동할 수 있도록 해야 한다.

사용자가 자주 사용하는 기기와 기능은 화면 터치나 음성 명령을 통해 즉각적으로 제어할 수 있도록 배치해야 하고, 통합된 대시보드를 제공하여 사용자가 중요한 정보에 빠르게 접근할 수 있도록 해야 한다.

사용자 요구가 다양해지고 집안 기기 전체로 적용 범위가 넓어짐에 따라 AI Home의 인터페이스는 월패드, 모바일 앱, AI 스피커, 테블릿 PC, 스마트 TV 또는 냉장고와 같은 가전제품에 부착된 디스플레이 패널 등 다양한 디지털 매체를 통해 제공되고 있어 여러 디바이스를 사용하더라도 일관된 경험을 제공할 수 있도록 반응형 UI를 채택해야 한다.

[그림 3-10] Apple HomeKit UI/UX 출처: **Apple**

UI는 디자인적 측면에서도 보기가 아름답고 매력적이어야 사용자에게 호감을 줄 수 있고 더 사용하고 싶게 만들 수 있다. 이를 위해서는 화면 디자인에 균형 잡힌 구성, 사용되는 색상과 그래픽의 조화, 사용자의 취향에 맞게 고를 수 있는 다양한 디자인 옵션이 제공되어야 한다.

그러나 한 가지 주의할 점은, 홈 기기의 제어는 매일 수시로 사용하는 기능들이 많으므로 다채로운 디자인적 요소를 추구하기보다는 기본으로 제공되는 화면은 호불호가 적은 간결하고 미니멀한 UI 디자인을 채택하고 다채로운 디자인은 개인의 취향을 고려한 옵션으로 구분하여 제공해 주는 것이 좋다.

② UX사용자 경험적 측면

앞서 UI적 측면에서도 언급했듯이 AI Home은 사용자의 니즈에 따라 다양한 기기를 언제든 쉽게 추가하고 통합적으로 관리를 할 수 있어야 하므로, 새로운 기기를 추가하거나 설정을 변경할 때 사용자에게 직관적이고 간편한 경험을 제공해야 한다. 기기 연결은 개인정보에 대한 보안 이슈도 있고, 여러 기업이 연결되어 서비스를 제공해 주기 때문에 기술적으로 간편하게 연결하는 기능을 제공하기가 어려운 환경이다.

그러나 기기 연결은 AI Home을 경험하는 첫 단추이기 때문에 어려운 환경임에도 불구하고 사용자에게 익숙한 입력 방식QR코드, 블루투스 등을 도입하여 최대한 간편하게 느끼는 사용자 경험을 제공해 주는 것이 무엇보다 중요하다.

사용자가 집 안의 기기를 자주 반복적으로 제어하는 경우 사용자가 설정한 조건에 따라서 선택한 기기들이 자동으로 동작하는 자동화 기능을 제공하여 반복하는 번거로움과 불편을 해소해 주는 것이 필요하다. AI 기술이 고도화되면 될수록 사용자의 루틴을 파악하여 반복되는 루틴에 맞게 알아서 집 안의 기기 제어를 자동화해 주는 기능이 더 제공될 것이다. 자동화 기능이 수행되면 사용자는 UI를 직접 대면하지 않기 때문에 놓치면 안 되는 중요한 정보나 이벤트, 그리고 기기의 상태 변경 등에 대해 알림을 효과적으로 전달받을 수 있어야 한다.

AI Home에서 앞으로 더욱 중요한 부분을 차지할 Voice UI/UX는 자연어 처리NLP를 적용하여 시스템과 사용자 간의 소통에 있어 자연스러운 대화를 통해 음성 명령을 빠르게 이해하고 신속한 처리 결과를 보여 줄 수 있어야 한다.

또한, 가족 모두에게 공통으로 최적화된 경험과 함께 사용자별 개인에게 최적화된 경험을 주는 것도 중요하다. 현재는 가족 단위의 서비스가 더 많이 제공되고 있지만, 기술이 고도화될수록 가족 구성원별로 서비스가 제공되어 개별적인 사용자 경험을 주는 것이 중요해질 것이다. 집 안에서 기기 사용의 상황과 맥락을 인지하고 그 환경에서의 사용자 의도를 파악하여 개인화된 기능인지, 가족 공용의 기능인지를 지능적으로 구분할 수 있어야 하고, 구분한 대상에 맞추어 서비스를 제공할 수 있는 수준까지 고려가 되어야 할 것이다.

그뿐만 아니라 AI Home은 주거 환경에서 제공되는 기능이므로, 남녀노소는 물론, 장애인까지 모두를 충족시킬 수 있는 유니버설한 UI/UX가 고려되어야 한다. 첨단 기술에 취약한 고령층이나 어린이 그리고 물리적 사용에 불리한 장애인들을 위해 Voice UI/UX나 점자 제공, 청각적 효과, 화면 확대 축소 기능 등 손쉬운 조작 방식을 다양하게 도입하여 AI Home 기능을 누구라도 소외 없이 편리하게 사용할 수 있도록 접근성이 고려되어야 한다.

AI Home의 UI/UX 기획 프로세스

① Step 1: 사용자 조사

UI/UX는 사용자가 근간이 되는 것이므로, 기획에 앞서 다각도의 사용자 조사를 통해 사용자의 불편한 점을 파악하고 사용자의 니즈를 예측하는 것이 중요하다. 일반적인 사용자 조사와는 달리

AI Home은 지금까지는 없었던 새로운 기능이 적용되는 경우가 많은 영역이기 때문에 사용자 조사에서 사용자가 앞으로 구현될 기능에 대해 원하는 것을 파악하기 쉽지 않다.

사용자는 사용해 본 것에 대해서는 불편한 점이 무엇이고, 무엇을 원하는지 알고 있어 구체적으로 의견을 제시할 수 있지만, 사용해 보지 않는 새로운 기능에 대해서는 무엇을 원하는지 파악할 수 없기 때문에 조사할 때 가설을 세워 검증하는 방식으로 사용자 니즈를 예측해 내야 한다.

미래에 적용될 기술에 대해 구체적으로 설명해 주어 사용자가 마치 사용하는 것처럼 상황을 머릿속에 시뮬레이션하게 해 주면서 사용자의 의견을 자연스럽게 유도해 내야 하고, 그런 과정에서 조사자가 사용자의 니즈를 발굴해야 하므로 조사자의 능력이 중요하다.

② Step 2: 요구 사항 정의

사용자 조사를 통해 예측한 가설을 검증하면서 발굴해 낸 사용자 니즈를 바탕으로 AI Home UI/UX를 구현하기 위한 요구 사항을 정의해야 한다. 사용자 조사에서 발굴된 자료에 UI/UX 기획자의 통찰력을 발휘하여 어떤 기능으로 구현할지, 현재 기술 수준으로 어느 범위까지 구현할 수 있을지, 구현했을 때의 성능, 구현된 기능을 사용하는 여정과 접근성, 사용성, 디자인 등을 통한 종합적인 사용자 경험을 고려하여 구체적인 요구 사항을 정의해야 한다.

③Step 3: UI/UX 설계

정의된 요구 사항을 바탕으로 세부적인 UI/UX 설계를 진행해야 한다. 이 과정은 실제 개발로 이루어지기 때문에 가장 중요하며, 사용자의 요구를 최소의 과정을 거쳐 빠르게 해결할 수 있는 방향으로 설계되어야 한다.

잘못된 UI/UX 설계를 따라 개발된 결과물이 사용성 문제로 사용자의 외면을 받게 되면, 중간에 다시 개발해야 하는 상황이 발생할 수 있다. 이때 기존에 개발된 내용이 있어 변경 개발하는 것이 새로 개발하는 것보다 더 어려운 상황이 발생할 수 있다. 또, 기존에 투입된 개발 기간과 개발비가 매몰되면서 리소스가 추가 투입되는 등 막대한 경제적 손실로 이어질 수 있다.

그런데 이렇게 중요한 UI/UX 설계를 예산 투입 없이 개발비에 포함하여 대충 진행하거나 개발 일정에 쫓겨 충분한 검토 시간 없이 넘어가가며 엉성하게 설계하는 경우도 실무에서는 많이 있어 안타까울 때가 있다. 건축에서 제대로 된 건축 설계도면 없이 건물을 건설해서는 안 되듯이 UI/UX 분야에서도 전문가를 존중하고 UI/UX 설계의 중요성에 대한 인식을 같이 하여야 한다.

UI/UX 설계는 통상적으로는 화면 설계를 의미하는데, AI Home 에서는 화면 설계뿐만 아니라 음성에 대한 설계도 중요하기 때문에 서비스를 이용할 때 상호 간에 이질감 없이 자연스럽게 잘 연계되도록 설계하는 것이 중요하다. 화면과 음성 모두 AI Home을 쉽고 편리하게 사용하기 위해 필요한 UI/UX이기 때문에 상호 호환이 수시로 매끄럽고 빠르게 전환될 수 있도록 고려해야 한다.

화면 UI/UX에서는 맨 먼저 노출되는 것이 홈 화면이다. 홈 화면은 AI Home이라는 기술을 사용하기 위해 처음으로 접하는 인터페이스로 첫인상을 결정하는 중요한 요소이다. 사용자는 AI Home에서 어떤 기능들을 제공해 주는지 처음에는 알지 못하므로, 홈 화면을 통해 전체 기능을 한 번에 파악할 수 있도록 일목요연하게 구성되어 있어야 한다.

홈 전체 화면   공용부   실내 기기부   스마트 모드,   가이드
                                      알림/공지

[그림 3-11] KT 기가지니 앱 서비스 출처: KT

전체 기능을 홈 화면에 노출해야 한다고 해서 홈 화면 전체에 꽉 채워서 단순히 기능을 나열하는 방식으로 적용된 경우도 있는데, 이때 사용자는 일일이 그 기능을 눌러서 어떤 기능인지 확인이 필요하고, 다시 원하는 기능을 찾으려 할 때는 아무런 구분이 없어

찾기도 어렵다. 홈 화면은 사용자가 원하는 기능을 한 번에 찾을 수 있도록 잘 그룹화되어서 있어야 하고, 가급적 불필요한 요소는 없애고 아이콘과 타이틀을 활용하여 최대한 직관적으로 구성하여야 한다.

제공 기능은 기기별이나 공간별로 그룹화할 수 있다.

기기별 그룹화는 조명은 조명끼리, 냉난방기는 냉난방끼리 해당 기기별로 그룹화하는 방식으로 해당 기기를 한 번에 일괄로 제어하려는 경우에 편리하게 이용할 수 있다. 예를 들어 집 안에 있는 에어컨을 모두 끄고 싶을 때 기기별로 노출이 되면 한 화면에서 모두 off를 누를 수 있어서 편리하다. 공간별 그룹화는 안방, 거실, 주방 등 실제 집 안에 있는 공간명으로 구분하여 각 공간에서 제공되는 기능을 그룹화하여 보여 주는 방식이다.

공간 그룹화 방식의 장점은 해당 공간에 있는 모든 기기를 한 번에 볼 수 있어, 해당 공간에 있는 기기를 쉽게 찾고 한 번에 제어할 수 있다는 점이다. 제어할 수 있는 기기의 수가 점점 늘어나고 있는 요즘 추세에서는 공간별로 그룹화를 해 놓으면 좀 더 직관적으로 기기를 찾고 제어할 수 있다.

공간별 그룹화는 각 공간을 주로 사용하는 사용자를 특정할 수 있으므로 특히 가족 구성원 개인별 맞춤형 서비스로 진화할 때 유리하다. 예를 들어 안방은 부부가 주로 사용하고, 작은 방은 자녀가, 주방은 엄마가 주로 사용하는 것으로 충분히 예측할 수 있어, 사용자 특정을 통해 맞춤형 서비스를 제공할 수 있다.

집 안에 있는 동일한 기기 전체를 모두 제어하고 싶은지, 아니면 특정 공간에 있는 기기의 전원을 모두 끄고 싶은지 등 사용 목적에 따라 기기별 그룹화와 공간별 그룹화를 취사선택하도록 구성해 주는 것이 가장 좋다.

공간별/기기별   공간별 기기 편집   기기별 노출
노출 선택

[그림 3-12] KT 기가지니 앱 서비스 출처: KT

기능별로 계위를 맞춰서 가장 빈번하게 사용하는 주요한 기능은 홈 화면에 노출이 되도록 하는 것이 좋다. 예를 들어 에어컨에서 전원부와 온도 조작부의 사용 빈도가 가장 높고 대부분 그 기능만 사용한다. 그래서 홈 화면에서 에어컨의 전원과 온도 조절 버튼을 동시에 노출해 주면 세부 화면으로 들어가지 않아도 홈 화면에서 필요한 목적 즉 '에어컨 찾아서 켜고 희망 온도로 설정하고자' 했던 의도를 한 번에 처리할 수 있어 편리함과 사용성을 높일 수 있다. 가끔 한 번씩 사용하는 기능들을 사용 빈도가 높은 기능과 동시에

노출하면 화면 구성이 복잡해지고 그로 인해 사용성이 낮아진다.

그러므로 화면 설계에 있어서는 자주 사용되는 기능은 전진 배치하고 간헐적으로 사용되는 기능은 필요한 경우에 한하여 노출되도록 반드시 계위를 구분하여 배치해야 한다.

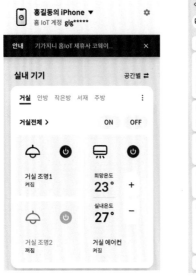

홈화면 에어컨 전원 및 온도 제어

세부화면 다양한
기능 제어

[그림 3-13] KT 기가지니 앱 서비스 출처: KT

<Voice UI/UX 설계>

Voice UI/UX는 화면 설계자가 만들어 놓은 루트를 따라 하나씩 진입하며 사용자가 원하는 기능을 찾아 들어가는 방식이 아니라 음성 명령을 내리면 시스템에서 즉각적으로 해당 기능을 찾아 그 결과를 실행해 주는 방식을 취한다. 사용자가 손 하나 까딱하지

않고 가장 쉽고 빠르게 원하는 목적을 달성할 수 있는 아주 효율적인 방식이다.

Voice UI/UX에서는 화면이 반드시 필수 요건은 아니고, 자연어 음성 인식과 자유 발화형 대화 처리 그리고 자연스러운 음성 합성을 통한 음성 피드백이 더 중요하다. 사용자가 말한 음성 명령이 제대로 인식되었는지, 대화 처리에서 요청한 기능이 제대로 처리되고 있는 것인지 그리고 그 처리 결과를 사용자가 인지할 수 있도록 알려주고 있는지 등을 모두 UI/UX를 통해 사용자가 알 수 있도록 해야 한다.

AI가 음성 명령을 계속 수집하고 있는 것이 아니기 때문에 사용자가 약속된 호출어로 불렀을 때 음성 인식이 가능한 상태로 전환된다. 우리가 익히 잘 알고 있는 "지니야…", "오케이 구글…', "알렉사…" 등이 음성인식 대기 상태로 깨우기 위한 호출어이다.

사용자가 호출했을 때 음성 인식 대기 상태인지 사용자가 직관적으로 알게 해야 하는 이유는 사용자가 언제 음성 명령을 말하기 시작해야 하는지 알 수 없다면 아무리 말해도 음성 명령이 제대로 인식되지 않으므로 다시 호출부터 시작해서 음성 명령을 말해야 하는 번거로움이 발생할 수 있기 때문이다.

음성 인식을 할 수 있는 대기 상태에 있다는 것을 반드시 화면으로 보여 줄 필요는 없지만, 기기의 라이팅 효과와 청각적인 효과음 등을 충분히 활용하여 사용자가 발화할 수 있는 타이밍을 인식할 수 있도록 해야 한다. 그리고 데이터 처리 중인 상황을 인지시키기 위해 라이팅이 깜빡이는 등의 움직임을 통해서 알려 줄 수 있고 잠시만 기다리라는 음성 피드백을 통해서 알려 줄 수도 있다.

Voice UI/UX에서는 화면이 보조적으로 활용되면서 상호 보완적으로 사용될 때 시너지를 낼 수 있다. Voice UI/UX의 가장 큰 단점은 전체 어떤 기능이 있는지 알기 어렵다는 점과 익숙해지기 전까지는 음성으로 어떻게 말해야 할지 명령어가 잘 떠오르지 않는다는 점이다.

이를 보완해 줄 수 있는 것이 바로 화면이다. 앞서 설명한 대로 화면 UI/UX를 통해 전체 기능을 파악할 수 있고 또 홈 화면에서 자주 사용하는 음성 발화 패턴을 제시하면 그것을 보고 사용자는 발화하는데 참고할 수 있다.

[그림 3-14] KT 음성 발화 가이드 출처: KT

또 음성 인식이 제대로 되고 있는지 알려주는 가장 명확한 방식은 화면에 인식되고 있는 문장을 사용자에게 보여 주는 것이다.

그 외에도 "우리 집 기기 상태 보여 줘"와 같이 여러 기기의 다양한 상태를 알려줘야 하는 복합적인 결과에 대해서는 음성 피드백보다 화면을 통해 전체 기기 상태를 보여 주는 것이 훨씬 효과적이다. 그래서 어떤 기능은 화면 UI/UX가 편리하고 어떤 기능은 Voice UI/UX가 편리하므로 상호 간에 자연스럽게 연결되는 UI/UX로 고려하여 설계하는 것이 AI Home에서는 중요한 것이다.

④ Step 4: 프로토타입 제작

AI Home의 UI/UX 설계가 완료되면 화면 UI/UX의 경우에는 GUI를 입혀 디자인 프로토타입을 제작해야 한다. 프로토타입은 실제 개발하기 전에 사용성을 검증하고 사용자의 피드백을 수집하는 데 활용된다. 화면과 Voice UI/UX의 전환이 자연스럽게 진행되는지 검증하는 것이 중요하다. 프로토타입 제작 단계에서는 주요 기능은 물론이고, 사용자에게 발생할 수 있는 모든 상황에 대한 시나리오를 만들어 실제와 같이 사용하면서 구체적으로 검증하여 실제 개발했을 때 발생할 수 있는 시행착오를 최소화해야 한다.

⑤ Step 5: UI/UX 개선

프로토타입을 통해 실제와 같이 사용해 본 사용자의 피드백을 토대로 UI/UX를 개선하는 과정을 거쳐야 한다. 화면 설계안이 잘 정리되어 있다고 하더라도 실제와 같은 프로토타입으로 적용하여 사용하다 보면 뭔가 어색하거나 다소 복잡한 프로세스가 발견될 수 있고, 불필요한 연결 화면이나 요소가 발견될 수 있다. 이렇게 확인된 피드백을 수정 반영하는 개선 과정을 여러 번 거칠수록 더 디테일하고 섬세하게 개선될 가능성이 높아진다.

⑥ Step 6: UI/UX 구현

프로토타입을 통해 UI/UX 개선 과정까지 완료하면 AI Home의 기능을 실제로 구현하는 개발을 해야 한다. 개발 구현은 소프트웨어 개발에 국한된 것이 아니라 하드웨어 설계 및 프러덕트 제조까지 포함될 수 있다. 개발이 완료되면 여러 가지 테스트와 검증 과정을 거쳐 드디어 시장 출시를 통해 사용자에게 선보이게 된다.

성공적으로 출시하고 사용자의 만족도를 높이기 위해서는 지금까지 설명한 바와 같이 각각의 단계를 체계적으로 거쳐야 한다. 특히 최근에는 AI Home이 집 안의 월패드, 모바일앱, 태블릿 PC 등 다양한 디바이스를 통해 UI/UX가 제공되는데, UI/UX를 설계할 때부터 체계적이지 않으면 디바이스 간의 호환성이 고려되지 않아 디바이스를 동시에 사용할 때 디바이스별 UI/UX가 달리 적용되어 혼선이 생길 수 있다.

또한, 사용자가 AI Home의 기능을 이해하고 활용하는 데 시간이 오래 걸리면 시간과 에너지 손실이 생기며, 부정확한 음성 명령 해석이나 자동화된 작업의 부적절한 실행 등 UI/UX적으로 문제가 발생할 수 있다.

사람들은 접근성이 용이하고 사용하기 쉬운 것을 선호하기 때문에, 사용자의 선택을 받지 못하고 활용되지 못할 경우 사용자 데이터가 축적되지 못하고 사용자 피드백이 적어 결과적으로 더 좋은 기능으로 고도화될 가능성이 낮아진다.

반면 사용자가 많이 선택하고 많이 사용하는 기능은 사용자의 피드백도 많아지고 사용자 데이터가 축적되어 개인화까지 장착된 더 발전된 기술로 고도화될 수 있고, 결과적으로 사용자는 더 편리하게 느껴서 더 많은 선택을 할 수 있게 된다.

이렇게 경쟁이 치열한 AI Home 시장에서 제대로 된 UI/UX가 적용되지 않은 제품, 서비스, 시스템은 경쟁에서 뒤처질 수밖에 없다. 따라서 AI Home의 UI/UX를 기획할 때는 사용자에게 최상의 경험을 제공할 수 있도록 체계적인 단계에 따라 진행 해야 한다.

기업들의 AI Home UI/UX 현황

많은 기업이 앞다투어 AI Home 서비스를 제공하고 있다. 마치 1990년대에 국내에서 많은 닷컴 기업이 인터넷 포털을 제공하던 것과 비슷하게 느껴진다. 당시에는 네이버, 네이트, 다음, 야후, 네띠앙, 라이코스, 엠파스 등 여러 기업이 비슷한 포털 서비스를 제공하는 듯 보였다. 사용자는 선택지가 많았고, 처음에는 이곳 저곳 동시에 회원을 가입하며 두루두루 사용하거나 처음 가입한 포털이 익숙하다는 이유로 그 포털만 사용하는 상황이었다.

그러다 네이버는 지식iN을 선보이며 사용자들의 참여를 유도하는 양방향 소통 방식을 선보였고, 사용자들이 참여한 정보가 쌓이면서 검색 결과의 질을 높이는 방식으로 차별화를 통해 선두에 서기 시작하였다. 이후에는 우리가 그 결과를 알고 있듯이 대부분의 국내 포털사는 이렇다 할 차별화된 서비스를 제시하지 못했고 사용자들은 중력에 이끌리듯 네이버 포털로 쏠림 현상이 벌어졌다. 이후 차별화하지 못한 국내 포털 기업들은 고전을 면치 못하다 한국에서 철수 또는 다른 사업으로 전환이나 폐업을 하며 국내 인터넷 포털 역사 속으로 사라지게 되었다.

현재 AI Home 시장도 이와 닮았다는 생각이 든다. 지금은 AI 기술을 앞세우며 건설사, 통신사, 홈네트워크사, 가전사, 플랫폼사 등이 앞다투어 비슷한 AI Home 서비스를 제공하고 있다. 사용자가 처음 AI Home을 이용할 때는 이런 기본적인 서비스만으로도 참신함과 신기함을 느끼며 처음 접한 기업의 AI Home 서비스를 사용하는 경향이 있다.

그러나 더 많은 기업이 참여하면서 사용자들의 선택지가 많아지고 있다. 시장이 포화 상태가 되면 사용자들은 기술적으로나 UI/UX적으로나 더 나은 서비스를 제공하는 기업으로 하나둘씩 모여들게 될 것이다. 여기서 어떤 기업이 지속적으로 투자하고 차별화된 서비스를 제공하느냐에 따라 향후 AI Home 시장의 주도권을 잡게 될 것으로 예상된다.

① 구글 홈 UI/UX

　AI Home이 적용되기 전의 집 안 환경은 에디슨이 전기를 발명하여 집 안에 전기가 공급된 이래로 큰 혁명적인 변화는 없었다. 우리가 기억하고 있는 대로, 예를 들어 천장에 있는 조명을 켜려면 벽면에 있는 스위치 UI를 통해 터치하는 방식으로 켜고 끄는 UX만 존재하였다.

　그러나 AI 기술이 발전하여 집 안으로 들어오기 시작하면서 또한 번 혁명적인 변화를 맞이하고 있다. 그 혁명을 선도하는 기업 중 하나인 구글에서도 AI Home 서비스를 제공하고 있다. 구글 홈을 통해 이제 사용자는 기존의 전통적 방식의 스위치 UI/UX뿐만 아니라 음성을 통한 Voice UI/UX와 모바일 앱 화면을 통한 원격제어까지 사용자 인터페이스 UI와 사용자 경험 UX이 다채롭게 확대되고 있다.

　구글 홈이라는 좋은 기능을 사용하기 위해서 사용자는 구글 홈에서 제공하는 UI/UX를 통해야 한다. 먼저 구글 홈을 사용하려면 구글 홈 스피커이나 네스트 허브 디바이스라는 UI User Interface가 있어야 한다. 그다음으로 스마트폰에서 구글 홈 앱이라는 UI를 다운로드하여 설치해야 한다.

[그림 3-15] 구글 홈 사용을 위한 필요 디바이스 출처: Goolge

　이후 구글 홈 앱에서 제공하는 화면 UI를 통해 구글 홈스피커 또는 네스트 허브와 와이파이를 통해 연결하는 프로세스를 거쳐야 한다. 이 과정은 다소 복잡하고 번거로운 데 구글 홈은 최대한 사용자 경험, 즉 UX를 직관적이고 흥미롭게 제공하고 있다. 여러 UI 요소 중 하나인 모션 그래픽을 사용하여 사용자의 흥미를 유발하면서도 사용자가 무엇을 해야 하는지를 정확하게 알려주어 처음 연결하는 사용자도 화면에서 유도하는 방식을 따라 하기만 하면 쉽게 연결이 가능한 구조로 UI/UX가 설계되어 있다.

[그림 3-16] 모바일 구글 홈 앱 모션그래픽 이미지 출처: Google

이 과정을 끝내면 사용자는 스마트폰 구글 홈 앱 화면 UI와 구글 홈스피커의 Voice UI를 통해 제어할 수 있는 준비를 마친 것이다.

이제 제어하고 싶은 스마트 기기를 연결하는 과정을 거쳐야 한다. 스마트 기기는 사용자가 직접 구매한 기기들인데, 침대 옆에 두는 무드등이나 가습기, 공기청정기 등 와이파이 연결이 지원되는 기능이 있는 기기들이라고 할 수 있다.

예를 들어 A라는 사용자가 구글 홈을 통해 공기청정기를 음성이나 모바일 앱을 통해 제어하고 싶다면 와이파이 연결이 지원되는 공기청정기를 구입하여 이것을 구글 홈 앱 UI를 통해 와이파이로 연결해 주어야 한다. 이 과정을 거치면 드디어 구글 홈스피커 & 모바일 앱 UI를 통해 스마트 기기를 제어하는 사용자 경험ux을 할 수 있게 된다.

구글 홈스피커은 Voice UI를 통해 제어할 수 있는데, 사용자가 스피커를 향해 'OK Google' 이라고 말하면 구글 홈스피커이 활성화되고, 그때 사용자가 원하는 음성 명령어를 발화하면 제어가 되는 UX를 경험할 수 있다.

구글 홈으로 할 수 있는 기능을 살펴보자.

"OK 구글, 오늘 날씨 알려줘", 또는 "오늘 뉴스 알려줘"와 같이 음성 명령을 하면 검색해서 알려주고, 간단한 대화도 할 수 있다. OK 구글, K-Pop 노래 틀어줘" 라고 하면 스포티파이나 유튜브에서 검색한 음원이 구글 홈 스피커를 통해 재생된다. "OK 구글, 5분 뒤 알려줘" 또는 "내일 아침 7시에 깨워줘"라고 하면 타이머 기능과 알람 기능이 제공된다. "OK 구글, 오늘 일정이 어떻게 돼?"라고 하면 구글 캘린더에 등록된 사용자의 오늘 일정을 알려준다. "OK 구글, 거실 조명 꺼줘", "안방 공기청정기 켜줘" 등을 말하면 거실 조명이 꺼지고, 안방 공기청정기가 동작한다.

구글 홈은 Voice UI/UX를 중심으로 하고 있지만, 모바일 앱을 통해 터치스크린을 활용한 시각적인 UI/UX도 제공하고 있다. 구글 홈 앱의 홈 탭에서는 사용자의 기호에 맞게 예를 들어 음악을 재생하거나 영화를 볼 때 조명을 어둡게 하는 등 자주 하는 기능을 바로 사용할 수 있는 UI 세션이 화면 상단에 위치하고 있어 터치 한두 번으로 빠르고 편리하게 제어 가능한 UX가 제공된다. 피드 탭에서는 우리 집의 중요한 이벤트가 한 곳에 모두 표시되는 UI로 현재 집 안의 상황을 한눈에 파악할 수 있는 UX가 제공된다. 아이콘을 적절히 사용하여 단순하면서도 어떤 기능인지 직관적으로 알 수 있는 UI가 적용되어 있다.

또한 텍스트의 활용을 통해 조명이 꺼진 상태인지 아닌지를 분명하게 알 수 있는 UI도 아이콘의 보조적 수단으로 적용되어 있어 사용자가 쉽게 이해할 수 있는 UX를 제공하고 있다.

세부 화면에서는 기기별로 제공되는 다양한 기능을 제어할 수 있는 UI가 노출되는데, 구글 홈 앱에서는 일관된 사용자 경험을 제공하기 위해 노력한 부분이 엿보인다. TV의 볼륨 조절, 조명의 밝기 조절, 냉난방기의 온도 조절 등 서로 다른 기능이지만 사용자가 쉽게 조작할 수 있는 동일한 형태의 UI 방식을 적용하여 일관된 사용자 경험을 할 수 있는 UX를 적용하였다.

[그림 3-17] 구글 홈 모바일 앱 UI/UX 출처:Google

② 아마존 알렉사 UI/UX

알렉사 앱은 사용성 향상을 위해 끊임없이 업데이트되고 있다. 전 세계 여러 지역에 살고 있는 다양한 사용자들이 알렉사 앱을 이용하고 있는데, 엔터테인먼트나 일상생활에 도움이 되는 기능을 이용하거나, 실내 온도부터 가정 보안까지 스마트홈 관련 기기를 제어하기 위한 목적으로 이용하고 있다.

특히 알렉사 앱의 여러 기능 중 사용성이 가장 높은 기능은 바로 스마트 홈 기능이다. 아마존에서 수집한 통계에 따르면 수백만 명의 사용자가 20개 이상의 스마트 기기를 알렉사 앱에 연결하여 사용하고 있고, 스마트 기기 제어에 수십억 건의 트래픽이 발생되고 있어, 사용자가 알렉사 앱에서 스마트홈 기능을 가장 많이 이용하고 있는 것으로 집계되고 있다.

그래서 아마존은 스마트홈 기능을 알렉사 앱 전면에 더 많이 배치하고 사용자가 탭 한두 번만으로 가장 많이 사용하는 기기와 기능에 접근할 수 있도록 업데이트해 가고 있다.

최신 업데이트된 알렉사 앱의 홈 화면 상단에는 바로가기 기능의 UI가 새롭게 추가되었다. 알렉사 앱 홈 화면의 바로가기 버튼들은 여러 디바이스를 카테고리별로 정리할 수 있게 하고, 쇼핑 목록, 알람, 루틴과 같이 자주 사용하고 인기 있는 알렉사 기능을 가장 상단에 일렬로 노출하여 바로 선택할 수 있도록 배치하였다. 알렉사 앱을 설치하면 홈 화면 상단에 기본적으로 인기 있는 몇 가지 기능들이 표시되는데, 그 순서는 사용자가 원하는 대로 맞춰서 변경할 수 있다.

스마트 기기의 경우 바로가기 메뉴에서 켜져 있는 조명의 개수, 거실 온도 등 연결된 기기의 상태도 즉시 확인이 가능하다. 사용자는 바로가기 UI를 통해 훨씬 효율적이고 편리하게 원하는 기능에 접근할 수 있게 되었다.

[그림 3-18] 아마존 알렉사 앱 홈 화면 바로가기 UI 출처:Amazon

즐겨찾기 기능이 알렉사 앱 홈 화면으로 전진 배치되면서 서비스 기능이 강화되었다. 사용자가 즐겨 사용하는 기능을 즐겨찾기에 추가하면 홈 화면에 바로 노출시킬 수 있다. 알렉사 에코, 조명, 플러그, 스위치, 잠금장치, 카메라, 온도 조절 장치, 온도 센서 등 다양한 스마트홈 기기를 즐겨찾기로 등록하여 쉽게 기능에 접근하고 제어할 수 있어 사용성이 더욱 높아졌다.

사용자가 이용하기 위해 설정한 활동들, 예를 들어 타이머, 시간을 설정한 알람, 할 일을 등록한 미리 알림 등 시간에 민감한 정보가 Activity라는 별도 섹션에 간소화된 상태로 표시되어 공간을 너무 많이 차지하지 않으면서도 쉽게 찾고 확인할 수 있도록 사용 효율성을 높였다.

최신 업데이트된 알렉사 앱에서는 카메라 스냅 숏이 홈 화면에 바로 노출되는데, 최대 6대의 카메라 화면이 동시에 노출되어 한 눈에 집 안 상태를 쉽고 빠르게 파악할 수 있다.

[그림 3-19] 아마존 알렉사 앱 홈 화면 UI 출처:Amazon

아마존의 음성 어시스턴트인 알렉사와 언제든 대화할 수 있도록 Voice UI 트리거 버튼을 플로팅 아이콘 방식으로 앱 하단에 배치하였다. 알렉사 앱의 어느 화면에 진입을 하든 파란색 알렉사Voice UI 아이콘을 탭 하기만 하면 바로 음성 명령을 통해 알렉사와 대화할 수 있고, 사용자의 음성명령에 관한 응답을 청각적인 Voice UI 와 시각적인 화면 UI를 통해 동시에 제시해 준다.

화면 UI를 통하지 않고도 '알렉사'라고 부르면 바로 Voice UI를 사용할 수 있다. "알렉사, 매주 일요일에 식물에 물을 주라고 알려줘.", "알렉사, 내일 오전 8시에 베토벤 노래를 들으며 깨워줘.", "알렉사, 집에 가면 식료품을 사라고 알려줘."와 같이 말하면 해당 음성 명령이 설정된다.

특히 알렉사는 To Do 리스트 기능을 통해 집안일을 등록하고 미리 알림 기능을 사용할 수 있는데, 이때 특정 사람에게 미리 알림을 할당할 수 있는 기능이 있어 집안일을 함께 사는 다른 사용자들과 분담할 수 있다. 예를 들어 "알렉사, 아빠에게 한 시간 후 아이들을 데리러 가라고 알려줘"라고 말하면 1시간 후 아빠의 알렉사 앱을 통해 미리 알림으로 알려준다.

이렇게 화자를 식별하여 미리 알림이 가능한 것은 알렉사 프로필 기능이 제공되기 때문이다. 함께 거주하는 가족 구성원의 목소리를 포함한 프로필 정보를 알렉사 앱을 통해 등록하면 알렉사는 목소리를 구분하여 화자를 인식할 수 있어, 가족 구성원 각자가 알렉사를 통해 자신만의 개인화된 사용자 경험을 할 수 있다.

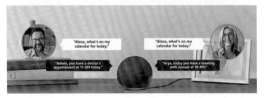

[그림 3-20] 알렉사 앱 음성 어시스턴트 화면 UI, Voice UI 출처:Amazon

알렉사는 Frustration-Free Setup 실패 없는 세팅 기능을 제공하고 있다. 모바일 앱에 스마트 기기를 연결하는 과정이 필수적으로 필요한데, 그 과정이 IT에 익숙하지 않은 사용자의 경우 다소 복잡할 수 있어 연결 실패를 경험하는 일이 많이 발생한다. 알렉사는 Frustration-Free Setup에서 기기를 연결하는 방법으로 Wi-Fi 간편 설정, 블루투스 간편 설정, Zigbee 간편 설정, 매터 간편 설정 등의 다양한 방법을 모두 제공하고 있어 스마트 기기를 연결하고 설정하는 데 필요한 복잡한 단계를 제거하고 축소하면서 쉽게 연결할 수 있는 프로세스를 제공하고 있다.

새로 연결할 스마트홈 기기의 전원을 켠 후 Voice UI를 통해 "알렉사, 장치를 검색해 줘"라고 말하면 장치가 연결된다. 알렉사 앱의 화면 UI를 통해서도 장치를 추가할 수 있는데, 화면에 나오는 가이드를 따르기만 하면 몇 번의 버튼 선택만으로 쉽게 연결할 수 있다.

특히 연결 실패가 가장 많이 발생되는 네트워크 비밀번호 입력에 관한 프로세스를 기술적으로 쉽게 적용하였는데, 각 장치의 네트워크 비밀번호를 기억하게 하여 호환되는 장치에는 비밀번호를 다시 입력할 필요 없이 기존에 기억한 비밀번호를 그대로 이용할 수 있게 하여 자동으로 연결되게 하였다.

이는 스마트홈 기능을 사용하기 위해 사용자가 필수적으로 해야 하는 여러 장치를 연결하는 수고를 덜어 주어 진입 장벽을 낮추는 데 효과적인 UX가 될 수 있다.

[그림 3-21] 디바이스 연결 Voice UI 및 화면 UI 출처:Amazon

스마트홈의 적용 영역이 계속 확장되면서 연결 가능한 장치수도 많아지고 있는데, 모바일 앱에 연결된 장치 수가 많은 경우 한눈에 모든 기기를 볼 수 없는 경우가 많이 발생하고 있다. 알렉사 앱은 이런 불편함을 해소하기 위해 검색을 통해 장치를 쉽게 찾을 수 있는 검색 기능을 강화하였다. 연결된 스마트 기기의 가짓수가 많은 경우 이제 장치 화면에서 장치 유형별로 콘텐츠를 필터링하고, 최신순, 가장 오래된 순 또는 알파벳순으로 장치를 정렬하고, 이름이나 키워드로 장치를 검색할 수 있다.

알렉사 앱에서는 목록으로 보여 주는 방식과 더불어 지도로 보여 주는 기능도 도입되었다. 사용자는 집 전체에 연결된 장치를 보는 방식을 목록보기 또는 지도 보기 중 선택할 수 있다.

지도 보기로 전환하면 스마트폰 카메라 센서를 활용하여 각 방을 스캔하고 공간을 평면도로 변환한 후 그 평면도 위에 스마트 기기들이 배치된 화면 UI를 보여 준다. 이 화면 UI는 집 전체를 시각적으로 단순화하여 한 눈에 스마트 기기와 공간을 보기 쉽게 하여, 사용자가 어느 공간에 있는 어떤 기기를 제어하는지 직관적으로 알 수 있는 UX를 제공한다.

길고 긴 장치 목록을 스크롤 하거나 장치 이름을 기억하거나 어느 공간에 있는 기기인지 알기 위해 세부 화면을 열어 볼 필요 없이 평면도상에 있는 스마트 홈 기기를 보기만 하면 어느 공간에 있는 어떤 기능의 기기인지 상태는 꺼져 있는지 켜져 있는지 바로 파악할 수 있다.

[그림 3-22] 아마존 알렉사 지도 보기 화면 UI 출처:Amazon

아마존은 특히 루틴 기능을 적극적으로 도입하며 자동화 기능을 강조하고 있다. 루틴 화면 UI를 보면 카테고리별로 다양한 루틴들을 미리 세팅하여 제공하고 있는데, 사용자는 필요한 루틴을 처음부터 하나하나 세팅할 필요 없이 이미 제공되는 루틴을 선택한 후 그대로 저장하여 사용하거나 일부분을 수정하여 사용할 수 있어 손쉬운 UX를 제공한다. 또한, 다른 사용자들은 어떤 루틴을 많이 사용하는지, 또 어떻게 창의적으로 루틴을 설정하여 사용하는지 살펴볼 수 있어 루틴에 대한 다양한 영감을 얻어 기능의 사용 폭을 확장할 수 있다.

[그림 3-23] 아마존 알렉사 앱 루틴 화면 UI 출처:Amazon

③ 애플 홈킷 UI/UX

애플 홈킷은 애플에서 제공하는 iOS로 구동되는 애플 시리즈 디바이스인 아이폰, 아이패드, 맥북, 애플 워치, 애플 TV 등을 통해 스마트 홈 기능을 사용할 수 있게 하는 어플리케이션이다. 애플 홈킷 앱을 통해 사용자가 구입한 스마트 기기를 연결하면, 화면 UI로 제어할 수 있고, 또 "시리야 Siri"라고 말하면 애플의 음성 어시스턴트인 시리를 통해 Voice UI로도 제어할 수 있다.

[그림 3-24] 애플 홈킷 화면 UI 및 Voice UI 시리 출처:apple

특히 가장 충성도가 높은 고객층을 보유하고 있으면서 시장 점
유율이 높은 아이폰을 통해 스마트폰 자체의 여러 다양하고 편리
한 기능들과 연계된 애플 홈킷을 사용할 수 있다는 점이 큰 장점
이다. 그뿐만 아니라 애플 TV와 같이 홈 허브 역할을 하는 디바이
스를 추가로 연결하면 홈 업계 연동 표준인 매터를 통해 플랫폼의
종속에 구애받지 않고 다양한 제조사의 방대하고 다채로운 스마
트 기기를 자유롭게 호환하여 연결할 수 있어 스마트홈의 사용성
을 최대로 높일 수 있다.

특히 애플 홈킷은 스마트 기기를 연결하는 방법이 아주 간단하
다. 스마트 기기의 전원을 켜고 근처에 둔 후 애플 홈킷 앱에서 추
가 버튼을 선택한 후 스캔하기만 하면 애플 홈킷에 '액세서리스마트
기기를 네트워크에 추가하겠습니까?' 라는 메시지가 나오고 '허용'

을 선택하면 바로 페어링 되면서 연결이 완료된다. 즉 디바이스에서 전원 버튼 UI를 켜고 모바일의 화면 UI에서 '허용'을 한 번 누르면 바로 연결되어 스마트 기기를 사용할 수 있는 손쉬운 UX를 제공한다.

기술적으로 매터를 통해 제조사와 무관하게 수많은 스마트 기기가 연결되는 데다, 연결 자체도 손쉬운 UX를 제공하고 있어 애플 홈킷 앱 하나만 있으면 스마트 홈을 그야말로 스마트하게 활용할 수 있다.

[그림 3-25] 애플 홈킷 스마트 기기 추가, 홈 허브 애플 TV, 매터 지원 출처:apple

이렇게 애플 홈킷의 UI를 통해 연결이 완료되면, 아이폰으로 조명을 끄는 것은 기본이고, 애플 TV에서 집에 찾아온 사람이 누구인지 확인할 수 있다. 선풍기를 끄거나 복도에 설치한 라이브 카메라 영상을 볼 수도 있다. 시리에게 "시리야, 현관문 잠가줘", "거실조명 켜줘"라고 목소리만으로도 요청할 수 있다. 외출 중에도 언제든 어디서든 원격으로 집 안을 원하는 대로 제어할 수 있다.

또 여러 스마트 기기들을 묶어서 자동화로 설정하면 여러 기기가 동시에 하나처럼 작동되도록 할 수 있고, 시간이나 위치, 센서 감지 여부 등을 기준으로 스마트 기기나 모드를 작동시킬 수도 있어 손가락 하나 까딱하지 않고도 알아서 척척해 주는 편리한 스마트 홈 생활을 영위할 수 있다.

애플 홈킷은 우리 삶의 기본 터전인 집의 보안 기능을 중시하여 더 강력하면서도 편리한 UX를 제공하고 있다. 집 안팎에서 원하는 위치에 카메라를 설치하면 집에서 벌어지는 일을 실시간으로 확인할 수 있는데, 애플 홈킷 앱의 홈 화면에서 최대 4대의 카메라를 동시에 살펴볼 수 있도록 하여 설치된 각 공간의 이상 유무를 휴가 중이든, 회사에서든, 귀가 직전이든 한 번에 효율적으로 손쉽게 확인할 수 있다.

[그림 3-26] 애플 홈킷 최대 4대 카메라 동시 노출 출처:apple

애플 홈킷은 카메라를 통한 물리적인 보안에 대해서만 철저한 것이 아니라, 데이터에 관한 보안도 철저하게 관리한다. 홈에서 사용하는 기기의 사용 정보는 사생활이 고스란히 기록되기 때문에 사용자의 사생활 보호 차원에서 매우 중요하다. 사용자의 데이터는 사용자만의 사유 재산이기 때문에 서비스를 제공하고 있는 애플 기업에서도 읽을 수 없는 방식으로 사용자의 데이터를 저장한다. 애플 홈킷 앱을 통해 제어하는 정보는 클라우드가 아닌 애플의 디바이스에서 제어되고, 그 과정에서 발생하는 데이터는 암호화되어 처리되므로, 사용자의 데이터에 접근할 수 있는 사람은 사용자와 사용자가 함께 사용하겠다고 지정한 가족이나 지인뿐이다.

애플 홈킷의 장점 중 하나는 아이폰이나 아이패드의 잠금 화면에서도 홈 기기의 상태를 확인할 수 있어 굳이 스마트폰의 잠금 해제를 하지 않더라도 집 상태를 한눈에 바로 파악할 수 있다. 또한, 아이폰 자체적으로 제공하는 제어 센터를 통해 자동화 기능, 즐겨찾기 그리고 공간별 기기들의 상태를 상세히 확인하고 즉시 제어를 할 수 있어 별도의 앱으로 진입 없이도 편리하게 사용할 수 있다.

아이폰에서 타사의 스마트홈 앱을 이용하는 경우 집 안의 스마트 기기 상태를 확인하기 위해서는 잠금 화면을 비밀번호나 안면 인식을 통해 해제하고, 해당 앱을 찾고, 그 앱의 홈 화면으로 진입해야 확인이 가능한 것과 비교하면, 애플 홈킷은 아무런 진입 없이 바로 잠금 화면에서 확인이 가능하고, 또 제어 센터를 통해 즉시 제어도 가능하다 보니 사용자 경험적 측면에서는 애플 홈킷이 아이폰, 아이패드 등 애플 디바이스 사용자에게는 매우 유리하다.

[그림 3-27] 아이폰 잠금 화면 및 제어 센터 출처:apple

　애플 홈킷 앱의 화면 UI를 보면 조명, 보안, 환경과 같은 카테고리가 홈 탭 상단에 표시되어 각각의 스마트 기기 상태를 바로바로 확인할 수 있다. 알아보기 쉬운 컬러와 형상이 적용된 아이콘과 타이틀을 적절하게 사용하여 스마트 기기를 직관적으로 구분하기 쉽고 상태를 명확하게 인지할 수 있도록 하여 사용성을 높였다. 또 공간별로 즐겨 찾는 스마트 기기를 홈 화면에 표시하고 아이콘을 누르면 바로 동작할 수 있도록 하여 더 쉽게 원하는 스마트 기기를 찾아서 제어할 수 있도록 하였다.

[그림 3-28] 애플 홈킷 모바일 앱 UI/UX 출처:apple

애플 홈킷에 등록된 스마트 기기들은 애플의 음성 어시스턴트인 시리를 사용하여 Voice UI로도 제어할 수 있다. 침대 밖으로 나가기 귀찮을 때나, 아기를 재우고 돌보느라 두 손이 부족할 때도 걱정이 없이 "시리야"라고 부른 후 원하는 걸 말하면 된다. 또 원격으로도 Voice UI를 활용할 수 있는데, 예를 들어 아침 조깅 중에 "시리야, 커피 내려줘"라고 말하면 스마트 플러그 제어를 통해 커피 메이커를 작동시켜 신선한 커피를 집에 도착하기 전에 준비시켜 놓을 수 있다. 그 외에도 방 온도 바꾸기, 음악 틀기, 블라인드 올리기 등 모두 Voice UI를 통해 손쉽게 사용할 수 있어 편리하다.

다양한 서비스 측면에서 살펴보면 애플 홈킷을 통해 집안의 전력이 귀가 시에만 가동되고 외출 중에는 휴면 상태로 전환되도록 사용자의 일과에 맞출 수도 있고, 집을 비웠을 때 불필요한 전력 소모를 줄임으로써 더욱 에너지 효율적인 집 환경을 만들 수 있어 시간도 아끼고 에너지도 절약할 수 있다. 또 차에서 내리지 않고도 주차를 하기 위해 차고문을 열 수 있고, 출근하고 보니 깜빡하고 차고문을 닫지 않았을 경우에는 화면 UI를 통해 차고문을 닫을 수도 있다.

애플 홈킷가 지원되는 도어락을 설치하면 아이폰 또는 애플 워치용 디지털 홈키를 생성하여 비밀번호를 누르는 번거로움 없이 터치만으로 손쉽게 문을 열 수 있다. 또 사용자가 집을 비웠을 때 방문이 필요한 손님을 위해 맞춤 출입 코드를 생성하여 중요한 현관문의 비밀번호 노출 없이 손님을 집 안으로 맞이할 수도 있다. 또 집안의 상황을 사용자가 언제든 알 수 있도록 현관문의 잠금이 해제되거나 현관문이 열리면 아이폰으로 알림이 오도록 설정할 수 있어 어디서든 집의 안전에 대해 마음의 평안을 유지할 수 있다.

[그림 3-29] 애플 홈킷 다양한 서비스 출처:apple

④ 네이버 클로바 UI/UX

네이버는 클로바CLOVA 라는 이름하에 다양한 AI 시리즈를 선보이고 있다. 네이버의 스마트 홈 관련 디바이스 UI로는 초창기에 출시한 스피커형 클로바 웨이브CLOVA Wave 와 클로바 프랜즈 미니 CLOVA Friends Mini가 있고, 이후 인터넷 서비스 기업인 네이버의 기술을 반영하여 특색 있게 진화한 클로바 클락CLOVA Clock과 클로바 램프CLOVA Lamp가 있다.

클로바 웨이브는 스피커 형태의 AI 음성 인식 기능을 수행하는 디바이스로 출시되었다. 클로바 프랜즈 스피커 시리즈로는 네이버의 메신저 앱인 라인 Line의 캐릭터 형태를 적용한 귀여운 형태의 클로바 프랜즈와 좀 더 컴팩트하게 만든 클로바 프랜즈 미니가 출시되었다. 클로바 프랜즈 시리즈는 기존 클로바 웨이브 대비 휴대성과 독창성을 높였다.

[그림 3-30] 클로바 웨이브, 클로바 프랜즈, 클로바 프랜즈 미니 출처: Naver

클로바 스피커들은 클로바 AI 어시스턴트를 기반으로 풍부한 생활밀착형 기능과 스마트홈 컨트롤 기능을 이용할 수 있는 Voice UI가 적용되었다. 사용자가 "헤이 클로바"라고 말하고 음성 명령을 하면 출근길 교통 정보부터 주변의 멋진 카페, 오늘의 운세, 외국어 번역, 주식 시세까지 일상생활에서 필요한 다양한 사용자 경험을 할 수 있다. 또 "헤이 클로바, 무드등 꺼줘", "거실 공기질 알려줘", "30분 후에 로봇청소기 켜줘"와 같이 말하면 침대 조명부터 공기청정기, 로봇청소기와 같은 생활 필수 가전제품까지 음성 명령을 통해 쉽고 편리하게 사용할 수 있다.

이후 출시된 클로바 클락은 클로바 웨이브에 적용되었던 스마트 홈 기능은 그대로 유지하면서 액정 화면이 있는 디지털 시계 모양으로 구성하였다. 이 액정 화면에는 현재 시각과 미세먼지 정보, 날씨 등이 표시되어 있다. 사용자는 이 클로바 클락을 통해 아침에 출근길에 집에서 나설 시간을 확인할 수 있고, 미세먼지 정보와 날씨에 관한 소식을 실시간으로 확인할 수 있어 언제나 깨어있는 생생한 생활 정보를 얻을 수 있다.

[그림 3-31] 클로바 클락 출처: Naver

사용자는 아침에 출근 준비, 등교 준비, 외출 준비를 하면서 "헤이 클로바, 출발 타이머 시작해 줘"라고 말하면 설정해 둔 목적지와 이동 수단, 경로에 따라 실시간 교통 상황을 반영한 최적의 출발 시간에 대한 응답을 받을 수 있다. 응답은 "오전 9시까지 도착하려면 약 20분 뒤에 출발하세요"와 같이 안내된다. 이는 매일 아침 넥타이를 메거나, 메이크업을 하거나, 아침을 먹는 동안 Voice UI를 통해 네이버에서 제공하는 실시간 교통 정보가 반영된 소요 시간을 확인하여 언제 출발해야 제 시간에 도착할 수 있는지 미리 예측할 수 있는 편리한 사용자 경험을 할 수 있게 한다.

클로바 램프는 디바이스의 이름에서도 알 수 있듯이 스탠드 조명 모양으로 생긴 디바이스 UI로 아이들이 영어책 읽기를 즐겁고 흥미롭게 할 수 있는 최적화된 경험을 제공한다. 클로바 램프는 네이버의 번역 서비스인 파파고가 탑재되어 있어 영어책은 한국어로, 한국어 책은 영어로 번역해서 읽어 준다. 사용자가 읽고 싶은 책의 페이지를 클로바 램프 아래 펼쳐 놓고 "헤이 파파고, 이 페이지 번역해 줘"라고 말하면 클로바 램프가 해당 페이지를 스캐닝한 후 파파고가 번역하여 영어는 한국어로, 한국어는 영어로 친절하게 원어민 발음으로 읽어 준다.

[그림 3-32] 클로바 램프 출처: Naver

스토리텔러처럼 번역한 페이지 전체를 한 번에 읽어 줄 수도 있고, 스터디 목적으로 문장을 하나씩 읽어 줄 수도 있다. 또 모르는 단어가 있는 경우 손가락으로 그 단어를 가리킨 후 "헤이클로바, 이 단어 무슨 뜻이야?"라고 말하면 해당 단어의 사전에 있는 뜻을 알려주는 기능이 있다. "헤이 클로바, 지구는 몇 살이야?"와 같이 아이의 호기심이 담긴 질문에도 답변이 가능하고, 책을 읽어 주는 목소리도 남성 보이스, 여성 보이스, 경쾌한 보이스, 차분한 보이스 등 다양하게 제공하고 있어 사용자가 선호하는 목소리를 선택할 수 있다.

클로바 램프를 사용하기 위해서는 스마트폰에 네이버 클로바 앱을 설치하여 연결해야 하는데, 이 클로바 앱을 통해 사용자의 독서 습관도 관리할 수 있다. 클로바 앱에서 책 읽는 시간을 알림으로 설정하여 매일 같은 시간에 독서를 할 수 있도록 하여 독서 습관을 형성해 줄 수 있다. 또 아이가 어떤 책을 읽었는지 그 기록을 앱 화면에서 확인 할 수 있어 이달의 독서 목표를 미리 설정하고 스탬프를 찍어가며 목표를 달성하는 기쁨을 경험하게 할 수 있다.

[그림 3-33] 클로바 앱 내 클로바 램프 UI 화면 출처: Naver

클로바 램프는 이제 막 책 읽기를 시작하는 아이들이나 영어 공부를 하는 아이들에게 새롭고 흥미로운 경험을 제공하고 있다. 이제는 독서도 영어 공부도 집에서 이렇게 편리하게 할 수 있는 시대가 열렸다. 네이버는 자체적으로 보유한 기능을 스마트홈에 접목하여 독자적인 서비스로 계속 확장해 나가며 경쟁력을 강화하고 있다.

네이버의 스마트홈 기술을 이용하기 위해서는 스마트폰에 클로바 앱화면 UI을 설치하여 클로바 제품들디바이스 UI과 연결해야 한다. 클로바 앱을 통해 음성 명령Voice UI을 위한 호출어 변경, 스피커 음향 조절, 방해 금지 모드 설정 등을 할 수 있다. 다양한 스마트 기기들을 연결할 수 있고, 화면 터치를 통해 스마트 기기를 제어할 수 있는 화면 UI도 제공한다. 클로바 앱을 통해 사용자가 한 번에 제어하기를 원하는 스마트 기기들을 묶고 사용자가 원하는 명령어를 설정하여 말 한마디인 Voice UI로 조명을 켜고, 음악을 듣고, 블라인드를 내리는 등 여러 동작을 한 번에 실행하는 편리한 UX를 경험 할 수 있다.

예를 들어 "영화 보자"라고 말 한마디 하면 거실 조명이 꺼지고, 스탠드 조명이 켜지고, 블라인드가 내려가게 할 수 있다. "나 다녀 올게"라고 말 한마디 하면 모든 조명이 꺼지고, 로봇청소기가 작동하고, 가스밸브가 잠기고, 멀티 탭이 꺼지게 할 수 있다. "휴식 모드 해줘"라고 말 한마디 하면 TV가 꺼지고, 거실 조명이 꺼지고, 재즈 음악이 재생되고, 무드등이 켜지게 할 수 있어 일상생활의 편리성을 높일 수 있다.

[그림 3-34] 네이버 클로바 모바일 앱 UI/UX 출처:Naver

⑤ 카카오 홈 UI/UX

우리의 일상에서 소통 창구로 가장 많이 사용되고 있는 일명 카톡카카오톡을 제공하고 있는 기업인 카카오는 AI 서비스 제공을 위해 2017년 1월에 AI 스피커인 카카오 미니를 처음 출시하였고, 이후 미니 링크와 미니 헥사까지 제품군을 확장하였다. 모바일 앱인 헤이 카카오를 통해 디바이스를 연결하고 설정하는 UI를 제공하여 쉽고 편리하며 일관된 UX 경험이 가능하다.

[그림 3-35] 카카오 AI 서비스 제공 디바이스 출처:Kakao

먼저 카카오 홈의 디바이스 UI를 먼저 살펴보자. 카카오 미니는 AI 스피커로 집 안 어디에 두더라도 주변과 자연스럽게 잘 조화되도록 너무 튀지 않는 형태를 기본으로 하되 카카오톡에서 자주 사용하는 카카오 프렌즈 캐릭터들을 접목하여 사용자에게 카카오만의 친숙함과 귀여움을 내세웠다.

[그림 3-36] 카카오 미니 디바이스 + 카카오 이모지 캐릭터 출처:Kakao

모바일 앱인 카카오톡으로 성장한 기업인 만큼 스피커의 형태에 앱 아이콘이 연상되는 라운드형 네모 디자인을 적용하였고, 외형에 패브릭 소재를 적용하여 따뜻하고 편안한 감성을 담았다.

사용자의 질문이나 음성 명령을 수행 중임을 나타내는 인터랙션 UI로 디바이스 상단에 풀 컬러 LED 라이트 링을 적용하였다. 이 LED 라이터 링 UI를 통해 사용자가 묻는 말에 대한 인터랙션을 시각적으로 보여 줄 수 있고, 또 기기의 상태를 파악할 수 있다. 집 안에서 카카오 미니 스피커를 거실에 두고 방이나 주방 등 음성이 도달하기에 떨어진 거리에 있더라도 큰 소리를 내야 하는 등 힘들이지 않고도 음성 명령을 할 수 있도록 리모컨에 음성 명령 버튼 UI를 두어 집 안 어디서든 쉽게 Voice UX를 경험할 수 있도록 하였다.

[그림 3-37] 카카오 미니 디바이스 상단 앱 아이콘 모양   [그림 3-38] 리모컨 출처:Kakao

카카오 미니에 이어 카카오는 2020년 9월 미니 링크를 출시했다. 미니 링크는 휴대용 AI 기기로 한 손에 잡히는 아담한 사이즈에 미니멀하고 콤팩트한 디자인으로 휴대성이 대폭 강화되었다. 미니 링크는 우리에게 친숙한 카카오 프렌즈 캐릭터 형태의 커버를 끼워서 사용할 수 있다. 오랫동안 휴대하여 사용할 수 있도록 Bluetooth Low Energy 기술을 적용해 한 번만 충전하면 5일 이상 사용할 수 있어, 자주 충전해야 하는 불편함을 해소하였다.

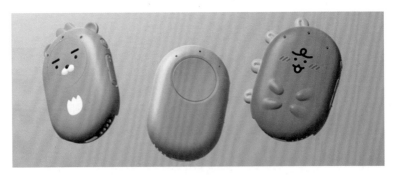

[그림 3-39] 카카오 미니 링크 출처:Kakao

　미니 링크는 스마트폰과 블루투스로 연결하여 사용하는 방식인데, 버튼 UI를 통해 스마트폰 카톡으로 온 메시지를 소리로 들을 수 있고, 또 음성 명령을 통해 그 메시지에 답변을 보낼 수 있는 기능이 탑재되어 있다. 특히 운전할 때 카카오톡 메시지를 확인하고 싶을 때가 많은데, 양손으로 핸들을 잡고 있고 눈은 전방을 주시해야 하기 때문에 카톡 메시지가 와도 확인을 못 해 답답한 경우가 종종 있다. 미니 링크는 자동차에 부착할 수 있는 클립을 제공하고 있어 이제 운전하면서도 안전하고 편리하게 카카오톡 메시지를 소리로 듣고 음성으로 답변을 보낼 수 있게 되었다.

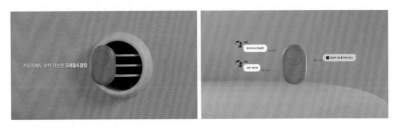

[그림 3-40] 카카오 미니 링크 자동차 거치 시 출처:Kakao

미니 링크는 가방에 달거나 목에 걸어서 휴대할 수 있고, 집 안에서는 필요한 곳에 부착하여 사용할 수도 있다. 미니 링크는 운전할 때, 청소할 때, 주방에서 요리할 때 등 양손이 자유롭지 않을 때는 "헤이 카카오"라고 호출 하는 Voice UI를 통해 사용할 수 있고, 디바이스 중앙에 호출 버튼 UI를 눌러서 사용할 수 있어 사용자의 필요에 따라 UX를 선택할 수 있다.

벽면 부착 시   음성 UI 사용 시   버튼 UI 사용 시(출처:Kakao)

[그림 3-41] 다양한 활용 방법 출처: Kakao

미니 링크에 이어 2020년 10월에는 신형 스마트 스피커로 미니 헥사를 선보였다. 미니 헥사는 라이프 어시스턴트로서의 역할에 더욱 충실할 수 있는 방향으로 진화하였다. 6각형을 의미하는 헥사라는 이름처럼 6개의 각마다 6개의 마이크를 탑재하여 시끄러운 환경이나 떨어진 위치에서도 잘 알아들을 수 있도록 음성 인식 성능을 극대화하였다. 기존 대비 사용자가 조용하게 말해도 목소리에 반응할 수 있게 되었고, 음성 인식을 하기 위해 스피커로 다가가거나 스피커 방향으로 고개를 돌려 말할 필요 없이 어느 방향에서 말하더라도 음성 인식이 가능해져 훨씬 수월한 Voice UX를 제공하였다.

[그림 3-42] 카카오 미니 헥사 출처:Kakao

사용자가 하루에도 몇 번씩 빈번하게 사용하는 기능을 한 번의 터치로 바로 사용할 수 있도록 디바이스 상단에 퀵 버튼으로 설정하면 누르는 UI로 사용할 수 있다. 말보다 손이 더 편한 경우 "헤이 카카오"라고 호출할 필요 없이 버튼을 눌러 바로 사용할 수 있도록 하여 상황에 따라 더 편리한 UX를 선택할 수 있도록 하였다. 카톡 챗봇 UI를 통해 쉽고 간편하게 퀵 버튼으로 적용할 기능을 설정할 수 있어 익숙하고 편리한 UX를 제공한다. 조명등, 정수기, 에어컨, 콘센트, 가습기, 로봇청소기, 커튼 등 다양한 스마트 기기와 가전제품을 퀵 버튼으로 등록하여 쉽게 제어할 수 있다.

[그림 3-43] 카카오 미니 헥사 퀵 버튼 UI 및 카톡 챗봇 UI 출처:Kakao

카카오의 AI 제품군인 카카오 미니, 미니 링크, 미니 헥사를 통해 음성으로 제어하는 Voice UI를 사용하기 위해서는 모바일 앱인 '헤이 카카오'가 필요하다. 헤이 카카오 앱에서 제공하는 화면 UI를 통해 카카오 제품군인 미니, 미니 링크, 미니 헥사를 네트워크에 연결할 수 있고, 사용자가 제어하기를 원하는 스마트 기기를 네트워크에 연결할 수 있으며, 다양한 서비스에 대한 설정을 할 수 있다.

[그림 3-44] 모바일 앱 헤이 카카오 디바이스 설정 화면 출처:Kakao

기본적인 설정이 완료되면, "헤이 카카오"라고 부른 후 Voice UI를 통해 일상의 정보에서부터 엔터테인먼트까지 다양한 사용자 경험을 할 수 있고, 카카오 홈 모바일 앱까지 연결하면 집 안의 조명, 난방, 에어컨 등을 제어하고, 아파트 관리비, 에너지 사용량 등을 조회할 수 있다.

예를 들어 집 안에서 소파에 누워 쉬고 있는 데 더워서 에어컨을 켜고 싶을 때, 일어나서 직접 에어컨 앞으로 가서 전원을 켜거나 에어컨 리모컨이 저 멀리 떨어져 있어서 일어나야 하는 경우, 소파에 편하게 누운 상태 그대로 "헤이 카카오, 에어컨 켜줘" 하고 Voice UI를 통해 음성 명령을 하는 사용자 경험을 할 수 있다.

아직 어두운 새벽에 막 일어났을 때 "헤이 카카오 안방 조명 켜줘"라고 할 수 있고, 아침에 출근 준비할 때 "오늘의 뉴스 알려줘", 주방에서 설거지 할 때 "설거지하는데 들을 만한 노래 추천해 줄래?", 두 손이 자유롭지 않은 요리를 할 때 "5분 타이머 알려줘", 고무장갑 끼고 청소하는 데 동생한테 카카오톡 메시지가 왔을 때 "동생한테 온 카톡 읽어 줘", 주말에 장보고 싶을 때 "근처 영업중인 마트 알려 줘", 나른한 주말 오후 문득 기분 전환을 하고 싶을 때 "면역력을 높이는 명상 틀어 줘", 택배가 언제 오나 궁금할 때 "배송 지키미에서 택배 언제 오나 조회해 줘" 등과 같이 집 안에서 일상생활에 필요한 다양한 기능들을 Voice UI로 경험할 수 있다.

카카오 홈 모바일 앱은 화면 UI를 제공한다. 카카오 홈은 이미 사용하고 있는 카카오톡 계정을 그대로 사용할 수 있어 회원 가입을 하는 번거로운 프로세스를 건너뛸 수 있어서 더욱 간편한 UX가 장점이라고 할 수 있다.

카카오 홈은 카카오 미니 스피커로 Voice UI를 통해 스마트 홈을 제어할 수 있는 기능을 화면 UI를 통해 제어하는 UX도 제공한다. 그뿐만 아니라 자주 사용하는 기기들을 묶어서 모드를 설정하는 UI를 제공하여 사용자가 설정한 대로 자동 제어되는 UX를 경험할 수 있다. 예를 들어 사용자가 아침에 출근할 때마다 거실 벽에 있는 스위치를 눌러 불을 끄고, 주방에 가서 가스밸브가 잠겼나 확인을 하고, 현관문을 열고 엘리베이터 버튼을 누르는 행동을 주 5일마다 반복한다면 이 기능들을 묶어서 외출 모드로 설정할 수 있다. 모바일 앱 UI를 통해 외출 모드를 설정하면 사용자가 아침에 현관에서 신발을 신으면서 "헤이 카카오, 외출 모드…"라고 말을 하거나Voice UI, 모바일 앱에서 외출 모드를 터치하면화면 UI 알아서 자동으로 거실 조명이 꺼지고, 가스 밸브가 잠기며, 엘리베이터 호출 버튼이 눌러진다. 그러면 사용자는 신발을 신고 바로 나가서 엘리베이터를 타는 편리한 자동화 UX 경험을 할 수 있다.

[그림 3-45] Kakao Home 모바일 앱 UI/UX출처:Kakao

3. AI Home UI/UX 진화

월패드 UI/UX 진화 홈 오토메이션에서 홈 네트워크로

주거 공간에서 지금의 AI Home 형태로 진화하기 전에는 홈 오토메이션Home Automation 시스템을 활용하였다. 홈 오토메이션은 방문자가 찾아왔을 때 누구인지 확인하던 인터폰 기능에서 진화하여 지금의 월패드 형태를 갖추게 된 전신이라고 할 수 있다. 국내 홈 오토메이션은 1990년대 초반에 시작되어, 2000년대 초부터 본격적으로 보급되기 시작했다. 홈 오토메이션은 시스템이 구축된 아파트 단지 내에서 일부 주거 설비와 기기를 연결하여 월패드를 통해 관리하고 제어할 수 있는 방식이다.

단지 내에 있는 시설 중 홈 오토메이션에 연결된 주거 설비와 기기는 월패드를 통해서 방문자가 왔을 때 공동 현관문을 열어주고 천장에 달린 조명등을 제어하며 보일러의 온도를 조절하는 등의 간단한 주거 설비를 제어할 수 있었다. 홈 오토메이션 방식은 제공사만의 개별 프로토콜을 사용하기 때문에 호환성이 낮았고, 인터넷으로 연결되어 있지 않아 최초에 제공된 기능 이외에 새로운 기기 연동이나 기능 추가는 어려웠다. 특히 초기에는 월패드로만 제어가 가능해서 집 밖에서 원격으로 제어할 수 없다는 한계가 있었다.

그러다 2000년대 들어서면서 사물인터넷 IoT:Internet of Things 기술의 발전과 함께 홈 오토메이션의 기술도 변화를 맞이하게 되었다. 홈 오토메이션 시스템은 서로 다른 통신 프로토콜을 사용하여 상호 간에 연결되기 어려운 문제가 있었지만, 홈 IoT 기술 발전으로 세계적인 흐름이 홈 네트워크 시스템 방식으로 진화하면서 상호 호환이 안 되는 문제를 해결하기 위해 주요 기업들이 참여하는 컨소시엄과 국제 표준화기구에서 상호 호환이 가능하도록 통신 프로토콜을 표준화하려는 시도가 계속되었다. 그 결과 대표적인 표준화 프로토콜인 KNX, Zigbee, Z-wave 등이 통용되면서 상호 호환성이 높아졌다. 개방형 플랫폼을 기반으로 집 안 내 설치된 조명, 가스, 난방 등의 기본적인 주거 설비 이외에도 보안, 에너지 관리, 침입 감지, 화재 감지 등 다양한 기능이 폭넓게 추가되면서 더욱 편리하고 효율적인 기능이 제공될 수 있었다.

홈 IoT의 발달로 홈 네트워크에 주거 시설 관련 제어뿐만 아니라 사용자가 직접 구매한 다양한 가전제품과 스마트 기기도 연결하여 사용할 수 있게 되었다. 예전에는 가전제품을 구매하면 가전제품에 딸려 오는 전용 리모컨으로 각각 제어해야 했었는데, 홈 네트워크를 통해 연결하면 다양한 제조사의 가전제품을 하나의 중앙 시스템을 통해 제어할 수 있어 다양한 융합 서비스 제공이 가능한 환경이 되었다. 홈 오토메이션은 단순히 조명이면 조명, 난방기면 난방기 한 개의 기기만 제어할 수 있었다면, 홈 네트워크는 조명, 온도, 보안등을 하나로 묶어서 통합적으로 제어할 수 있게 된 것이다.

홈 오토메이션 월패드　　　　　　　홈 네트워크 월패드

[그림 3-46] 홈 오토메이션과 홈 네트워크 월패드 비교 출처: 코콤/코맥스

이렇게 홈 네트워크로 연결된 집 안의 다양한 주거 설비와 스마트 기기는 인터넷으로 연결되어 서로 통신하는 것은 물론 외부에서도 접근할 수 있게 되었다. 이를 통해 집 안에서 주로 월패드를 통해 제어하던 방식에서 벗어나 이제는 집 밖에서도 원격으로 집 안 상태를 모니터링하고 실시간으로 제어할 수 있게 사용 방식이 확장되었다.

홈 오토메이션 대비 홈 네트워크는 훨씬 더 편리하고 사용성 높은 기능을 제공하기 때문에 사용자의 관심도 높아지고 수요도 증가하여 시장이 빠르게 성장할 수 있었고, 앞으로도 홈 네트워크 기술과 시장은 더욱 발전할 것으로 예상된다. 홈 오토메이션에서 홈 네트워크로 기술이 진화하면서 UI/UX 측면에서도 변화가 있었다.

① 기술 중심에서 사용자 중심으로 변화

초기 홈 오토메이션 시절에는 월패드에서 화면 터치가 가능하고 월패드를 통해 주거 설비를 제어할 수 있다는 것만으로도 혁신이었다. 홈 오토메이션은 주거 설비 연동을 통해 제어하는 기술 구현이 가장 중요했다. 그 기술을 적용할 수 있는 대상 기기가 많지 않았고, 또 기능 자체도 단순했기 때문에 기술 중심적으로 먼저 고려되었다.

그러나 홈 네트워크로 진화하면서 안정적인 기술 제공과 제어되는 기기의 종류와 수량이 많아지고 기존 대비 복합적인 기능 수행이 가능해지면서 사용자의 여러 사용 상황을 고려한 사용자 중심의 UI/UX가 고려되기 시작하였다.

② 개방형 플랫폼 기반의 확장성 고려

홈 네트워크는 다양한 종류의 주거 설비와 기기를 연결할 수 있는 개방형 플랫폼을 기반으로 하고 있어 같은 종류의 스마트 기기라도 제조사별 다양한 기능을 모두 수용 가능한 확장성 있는 UI/UX가 필요하였다.

스마트 기기에 있는 조작부 버튼이나 인터랙션은 기기 형태에 따라 다른 위치에 다른 형식과 방식으로 존재하지만, 홈네트워크에서는 제조사나 기기의 형태와 무관하게 동일한 UI/UX를 적용하여 일관성 있는 경험을 줄 수 있다. 예를 들어 에어컨의 온도 조절과 보일러의 온도 조절은 디바이스와 리모컨상의 물리적 버튼 형태가 다르고, 조작 방식도 프레스 방식, 다이얼 방식 등으로 다르게 적용되어 있다. 그러나 홈 네트워크의 UI/UX 상에서는 난방기든 냉방기든 그 디바이스가 어떻게 생겼는지와 무관하게 온도 조절이라는 공통된 개념의 UI/UX를 적용할 수 있어 사용자에게 일관된 온도 조절 경험을 제공할 수 있다.

에어컨 리모컨과 보일러 컨트롤러   VS   에어컨과 보일러의
모바일 앱 제어 화면

[그림 3-47] 물리적 UI와 모바일앱 UI 적용 비교 출처: LG전자/린나이/KT

이렇게 학습된 사용자는 새로운 기기를 연결했을 때도 이미 익숙해진 UI/UX 방식을 통해 쉽게 기기의 기능을 파악하고 제어할 수 있다.

③ 실시간 데이터 조회 및 알림 기능 고려

홈 네트워크는 인터넷으로 연결이 가능해지면서 사용자에게 집안 기기들의 상태를 실시간으로 모니터링하여 중요한 이벤트에 대해 즉각적으로 알려줄 수 있게 되었다. 연결된 기기가 많아질수록 사용자가 일일이 기기의 상태를 조회하는 것은 번거로운 일이므로 다양한 기기의 실시간 데이터를 조회하여 한눈에 기기의 상태를 확인할 수 있는 집 안의 대시보드가 필요하게 되었다.

이러한 사용자의 니즈를 해결하기 위해 월패드에서 집 안에 연결된 기기들을 통합적으로 모니터링하는 대시보드 형태의 화면이 적용되기 시작했다. 실시간 모니터링 중에 중요한 이벤트이나 경고 알림은 월패드 홈 화면이나 효과음을 통해 즉시 알려주고, 모바일 앱을 통해 푸시App push로 보내 주어 사용자가 언제 어디서든 즉각적으로 상태를 확인하고 조치할 수 있는 UI/UX가 적용되었다.

월패드에서 모바일로 UI/UX 다변화

과거 홈 오토메이션과 홈 네트워크 초기의 사용자 인터페이스는 주로 월패드였다. 월패드는 집 안에 설치된 터치스크린 기반의 장치로 조명, 난방, 보안 등의 주거 설비와 가전제품과 같은 기기를 제어할 수 있었다.

월패드는 과거 거실 벽면에 부착되어 현관문을 열어 주는 인터폰의 역할에서 진화된 것으로 홈 오토메이션 적용 시절 월패드는 물리적인 버튼과 터치 화면이 공존하는 형태로 적용되기 시작하였다. 그러다 화면 터치 기술과 홈 네트워크 기술의 발전으로 더 고도화되고 다양한 기술이 제공되면서 월패드에서 사용성이 국한된 물리적 버튼이 사라지고 지금과 같은 형태의 전면 터치스크린 형태로 발전하였다. 지금은 7~13인치 패드 형태의 월패드뿐만 아니라 컴퓨터 모니터를 세로로 돌려 놓은 크기 정도 되는 22인치 미러형 월패드까지 실생활에 적용되고 있다.

[그림 3-48] 스마트 월패드 미러 출처: 코맥스

이렇듯 홈네트워크의 기술 발달로 다양한 기기를 복합적으로 사용할 수 있게 되면서 월패드의 형태도 그에 맞춰 변화되어 왔다. 월패드가 크기도 커지고 전면 터치스크린 형태로 쉽게 조작할 수 있도록 변했다고 하더라도 여전히 월패드를 집 안 거실의 한쪽 벽면에 서서 이용해야 하는 방식에서는 크게 벗어나지 못했다. 물론 일부 홈 네트워크사에서 탈부착 패드형 월패드를 개발하여 벽면에 붙였다 떼었다 할 수 있도록 개발하여 시장에 선보이고는 있지만, 비용 대비 사용성 측면에서 아직은 시장의 호응을 얻지 못하고 있다.

월패드가 이런 형태로 진화되는 동안 홈 네트워크의 발전과는 별개로 스마트폰이 전 세계적으로 확산하였고, 이제 스마트폰은 일상생활에서 없어서는 안 될 필수품이 되었다. 사용자들은 언제 어디서나 스마트폰을 통해 다양한 정보를 접하고, 다양한 서비스를 이용하고 있다. 스마트폰의 빠른 보급과 사용자 수의 전폭적인 증가세, 남녀노소를 막론한 스마트폰의 생활화로 AI Home의 인터페이스 역시 월패드에서 모바일로 다변화되었다.

스마트폰을 통해 집 안에 연결된 모든 기기를 제어할 수 있는 여러 모바일 앱이 출시되었고, 사용자들은 이러한 모바일 앱을 통해 보다 편리하고 간편하게 홈 네트워크를 사용할 수 있게 되었다.

모바일 앱은 휴대성이 좋아 사용자들이 시간과 장소를 초월하여 서비스에 접근할 수 있다 보니 사용자들은 월패드보다 모바일 앱으로 사용하는 것을 더 선호하게 되었다. 집 밖에서는 물론이고 집 안에서도 월패드보다 모바일 앱을 통해 제어하는 빈도가 점점 높아지고 있다. 월패드에서 제어하려면 굳이 일어나서 월패드 앞으로 가서 제어해야 하는데, 모바일 앱은 소파에 누워서도 제어할 수 있고, 거실에 있으면서 안방의 기기를 제어할 수도 있으므로 집 안에서도 모바일에 대한 사용 빈도가 점점 높아지고 있다.

이렇게 사용자 인터페이스가 모바일 앱으로 확장되면서 AI Home과 무관하게 모바일 자체에서 이용하던 기능과 서비스들이 AI Home 서비스와 자연스럽게 결합되고 있다. 예를 들어 요즘 생필품을 스마트폰을 통해 온라인 쇼핑몰에서 많이 구매하는데 이런 e커머스가 AI Home과 결합하여 생수와 같이 집에서 꾸준히 필요한 생필품을 정기 구독하는 형태로 주문 및 결제되는 서비스가 출시되었다. 또 가족 구성원 중 노부모나 어린 자녀가 외출할 때 도어 센서를 통해 나가는 것을 인지하게 되면 스마트폰의 위치 정보 기능을 통해 이동 경로를 파악하여 내 가족이 무사히 외출을 마치고 잘 귀가하는지 확인하는 기능으로 연계할 수 있다.

이런 식으로 AI Home의 UI/UX가 모바일 앱으로 확장되면서 홈 네트워크 기기 제어 중심에서 생활, 안전, 편의, 쇼핑, 건강 등의 기능으로 AI Home 서비스도 확장되고 있다.

[그림 3-49] 삼성전자 스마트홈 서비스 출처: 삼성전자

이렇듯 사용 편의성이 가장 높은 모바일 앱은 AI Home을 컨트롤할 가장 중요한 인터페이스가 되고 있다. 모바일은 화면이 작은 반면 고해상도 디스플레이를 갖추어 고화질 이미지와 다양한 그래픽을 활용할 수 있으므로 사용 빈도가 높은 기능을 첫 화면에 노출되도록 잘 선별해야 하고, 펼침 기능 등을 활용한 인터랙션을 통해 공간을 효과적으로 사용할 수 있도록 해야 하며, 그래픽 활용을 통해 사용자의 시각적 만족도를 향상시킬 수 있어야 한다.

빠른 속도의 성능을 제공하는 모바일 환경에서 앱이나 웹페이지의 로딩 속도를 최적화하여 사용자의 대기 시간을 최소화하고 화면 전환이나 원하는 기능을 수행하는 화면에 최단으로 빠르게 진입할 수 있어야 한다.

모바일은 개개인이 보유한 기기로 개인화된 알림 기능 등을 통해 사용자에게 적절한 시점에 AI Home 서비스 사용을 유도할 수 있다. 원래 모바일에서 제공하고 있는 사용자 위치 기반이나 블루투스 기능 등을 적극 활용하여 집에 있는 가전제품이나 기기를 쉽게 연결할 수 있게 한다거나, 위치정보를 활용하여 아파트 근처에 오게 되면 집 안의 냉난방기를 미리 가동시킨다거나 하는 등의 다양한 서비스와의 접목도 가능하다.

모바일과 AI Home의 결합은 우리의 실생활 패턴을 변화시킬 정도로 파급력이 있을 것으로 예상된다. 따라서 이런 잠재력을 보유한 모바일에 최적화된 UI/UX 측면의 고려는 무엇보다 중요하다. AI Home 뿐만 아니라 모바일의 최신 트렌드와 기술 동향을 주시하여 AI Home과 결합할 서비스를 발굴하고 적용하면서 일상생활의 패턴을 더 편리하게 진화시켜야 한다.

스크린 터치형 UI/UX에서 Voice UI/UX로 진화

AI Home의 핵심은 AI 엔진을 통해 지능적으로 판단하여 조건에 따라 복합적인 제어를 가능하게 한다는 점이다. AI 기술이 상용화되면서 아마존, 구글, KT, SKT, 네이버, 카카오 등 다수의 기업이 AI 스피커를 통해 음성형 서비스를 출시했고, 주로 거실 TV와 연계하여 AI 비서 역할로 사용되었다. 그러면서 아파트의 홈네트워크와 결합하여 집 안의 주거 설비 및 홈 IoT 기기를 제어할 수 있는 기술이 뒷받침되면서 AI 기술이 적극적으로 도입되었다. 그 결과 월패드와 모바일 앱을 통해 화면 터치로 제어하던 방식과 함께 음성 명령을 통해 제어하는 Voice UI/UX 방식이 새롭게 도입되었다.

초기 음성 인식 기술은 음성 명령을 인식하는 것도 어려워 호출어를 발화하고 원하는 기능을 실행해 달라고 정확히 약속된 문구로 말해야 인식이 되는 수준이었다. 그러나 AI 기술이 발전하면서 음성 인식 기술도 계속해서 정교해졌고 더 복합적인 기능도 수행이 가능한 수준으로 발전하고 있다. 이제 손가락 하나 움직이지 않고 사용자는 음성 명령으로 집 안에 있는 홈네트워크 기기를 제어할 수 있다.

이는 특히 집 안에서 가장 많은 시간을 보내는 주부들의 편의성을 향상하는 데 이바지하고 있다. 주부들은 집 안일을 할 때 젖은 손, 양념이 묻은 손, 고무장갑을 끼고 있는 손 등 화면을 터치하기 쉽지 않은 상황에 놓이기 십상이다. 이런 경우에 누군가 방문이라도 한다면 월패드의 화면을 터치하기 위해 손을 씻거나 고무장갑을 빼거나 하는 등 몹시 번거로운 과정을 거쳐야 한다. 그러나 음성으로 기기 제어가 가능해지면서 그러한 번거로움 없이 말 한마디로 방문자 얼굴을 확인할 수 있고, 필요시 말로 현관문도 열어 줄 수 있다.

월패드와 모바일 앱에서 화면 터치를 통해 제어할 수 있는 기능들을 이제는 음성 명령을 통해서도 제어할 수 있는 세상이 열린 것이다.

[그림 3-50] KT 기가지니 음성 서비스 출처: KT

Voice UI/UX 적용 초기에는 정해진 음성 명령어를 정확하게 발화해야만 제어할 수 있었다. 예를 들어 "00아… 조명 켜줘"라고 사용자가 말 했을 때, 대화 로직이 전등으로 처리되어 있으면 "조명 켜줘"에 대한 명령어를 인식하지 못해서 원하는 기능을 수행하지 못했다. 그래서 화면에 발화 패턴을 보여 주어 그대로 따라 읽어야 했었다. 편하자고 만든 음성 제어가 토씨 하나 틀리지 않고 부자연스럽게 따라 읽어야 했던 시절이 있었다.

그러나 자연어를 처리할 수 있는 음성 인식 기술로 고도화되면서 일상생활에서 말하듯, 사용자의 맥락을 인식하여 설사 "전등 켜줘"를 "조명 켜줘" 또는 "불 켜줘"라고 말했더라도 사용자의 의도를 정확하게 파악하여 원하는 바를 실행해 줄 수 있게 되었다.

화면을 통한 제어는 사용자가 조명을 켜고 싶을 때 월패드 앞에 서거나 스마트폰을 들고 앱을 연 후 조명을 제어할 수 있는 화면을 단계별로 찾아서 진입해야만 조명을 제어할 수 있다. 그러나 Voice UI/UX의 경우에는 "00아… 조명 켜줘"라고 가족이나 친구에게 하듯 말하면 즉시 조명을 제어할 수 있다. 이처럼 Voice UI/UX는 사용자의 의도를 명확하게 전달하기 쉽고, 빠르게 제어할 수 있다.

Voice UI/UX는 사용자의 언어를 그대로 사용하기 때문에 모두가 이미 일상생활에서 타인과 대화를 나눈 경험이 축적되어 있어 한두 번만 경험하면 쉽게 친숙해질 수 있다는 장점이 있다. 사용자가 Voice UI/UX에 대해 새롭게 익혀야 할 것이 적고, 눈이 침침한 노인이나 어린이, 시각장애인도 사용할 수 있어 음성 인식 기술이 발전함과 동시에 더 많은 영역으로 확대될 것으로 예상된다.

목소리는 개인별로 고유성을 가지고 있기 때문에 Voice UI/UX를 통해 가족 구성원별 개인 맞춤형 서비스를 제공하기에 더 유리해졌다. 가족 구성원이 집이라는 한 공간에 모여서 거주하고 있지만, 연령대와 성별이 다르므로 생활 패턴도 다르고 자주 이용하는 기능이나 방식도 서로 다를 수 있다. 화면으로 구성된 UI/UX에서는 터치만으로 누가 사용하는지 알기 어렵기 때문에 사용 패턴을 장기간 트래킹하고 분석하고 맥락을 이해해야 사용자를 구분할 수 있는 어려움이 있었는데, 음성 인식은 그에 비해 목소리만으로 화자를 쉽게 구별해 낼 수 있다.

각자가 보유한 음성의 특색 인식을 통한 화자 식별 기술이 도입되어 화자의 성별, 연령대에 따라 사용자별 취향에 맞는 개인화 서비스를 제공할 수 있는 기반이 마련되었다. 화자 식별 기술로 여러 사용자가 동일한 기기에 음성 명령을 내리더라도 각각의 사용자에게 적합한 응답이 가능하다.

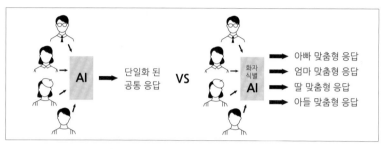

[그림 3-51] 화자식별 Voice UI/UX

예를 들어 "00아… 나 이제 잘 거야. 방 불 모두 꺼줘"라고 음성명령을 내렸을 때 엄마나 아빠, 즉 어른이 음성으로 명령하면 모든조명을 깜깜하게 꺼 주는 결과를 실행해 주고, 아이가 음성 명령을 내렸을 때는 모든 조명을 끄되 너무 깜깜하지 않도록 수면등은 켜 주는 등 화자를 구분하여 사용자 친화적으로 적합하게 명령을 수행할 수 있다.

KT의 기가지니의 경우 화자 식별을 통해 아이가 음성 명령을 하는 경우 연령대에 맞춰 뽀로로와 같은 어린아이 목소리로 응답을 주고받으며 더욱 친밀하고 친숙하게 키즈용 서비스를 이용할 수 있도록 해 주고 있다.

앞으로도 AI Home에서 음성 제어 기능은 더욱 발전하고 폭넓게 적용될 것으로 예상된다. 기술이 발전함에 따라 이제 더 이상 AI Home이 특별한 것이 아닌 우리 일상으로 자연스럽게 스며들어 우리의 생활을 더 편리하게 해 줄 것이다. 주거 공간은 모두가 편히 쉴 수 있는 공간이므로 남녀노소를 불문하고 문맹인 사람도, 시각장애인도, 휠체어에 앉아 생활하는 사람도 모두 그들이 사는 주거 공간에서 제공되는 AI Home 서비스에 대해 차별 없이 접근할 수 있도록 배려되어야 한다. Voice UI/UX는 이러한 사회적 약자층도 차별 없이 AI Home 서비스를 이용하게 해 줄 수 있다.

사용자 직접 제어에서 자동화 제어로 더 스마트한 진화

여러 기업이 AI Home 시장에 경쟁적으로 참여하면서 AI Home 서비스는 더욱 다양해지고 고도화되고 있다. AI Home에서 살고있는 유경험자도 늘어나고 있고, 기업들도 기술 발전에 발맞춰 보다 나은 서비스를 제공하기 위해 서로 경쟁하고, 동시에 상호 협력하면서 시장을 키우고 있다.

초기에는 다양한 기기들을 양적으로 제어하고 모니터링하는 것에 초점을 맞추었다면, 이제는 양적으로 포화된 시장을 타개하기 위해 자동화된 서비스로 질적 향상을 시도해야 하는 시점이 도래하고 있다. 대기업들은 경쟁 우위를 선점하기 위해 사용자 패턴의 데이터를 수집하고 있고, 이 데이터를 기반으로 지능화된 서비스를 제공하기 위한 기반을 만들어가고 있다. 이렇게 트래킹하며 수집한 데이터를 기반으로 일부 기업들은 유의미한 지능형 AI 서비스를 출시하였다.

단순한 기기 제어에서 벗어나 이제는 사용자의 의도를 더욱 정확하게 파악하기 위해 사용자 맥락을 인식하는 기술이 도입되고 있다. 예를 들어, "조명 켜줘"라는 명령을 내리면 과거에는 조명을 켜는 것만 실행됐다면, 이제는 조명을 현재 시각과 날씨 등을 고려하여 밤이면 밤에 맞게, 날이 흐리면 흐린 날에 맞게 가장 적절한 상태로 AI가 알아서 설정해 주는 수준으로 발전해 가고 있다. "나 여행 갈 거야"라는 명령을 내리면, 며칠 동안 집 안은 빈집 상태가 될 것이라는 사용자의 의도를 이해하여 조명과 냉난방을 자동으로 조정하고 침입에 대한 보안 시스템을 작동시킬 수 있다.

이제 사용자의 맥락과 행동 패턴을 분석하여 사용자가 필요한 기능을 복합적으로 제공하는 스마트 모드 기능이 본격적으로 제공되기 시작했다. 스마트 모드 설정 기능을 통해 사용자가 원하는 대로 조건을 설정하여 집 안에 연결된 가전제품과 기기를 자동으로 제어할 수 있다. 사용자가 출근할 때 조명은 꺼지고, 난방은 18도가 되도록 스마트 모드를 설정해 놓으면 사용자가 집을 나설 때 별도의 조작 없이도 설정해 놓은 대로 자동으로 제어된다.

AI 자동화를 통해 사용자는 에너지 효율을 높이고 전력 소비를 최적화함으로써 에너지 비용을 절감할 수 있다. 집에 사람이 있을 때와 사람이 없을 때를 자동으로 인식하여 냉난방과 조명을 알아서 제어해 줄 수 있고, 날씨에 따라서 해가 쨍쨍한 날, 비가 오는 흐린 날, 몹시 추운 날, 따뜻한 날 등에 따라 온도를 조절하여 사람보다 더 민감하고 신속하게 제어함으로써 에너지를 절감하고 관리비를 절약할 수 있다.

이런 스마트 모드의 자동화는 사용자의 편의성과 효율성을 높이며, AI Home 시스템을 더욱 똑똑하게 주거환경에 적응력 있는 기술로 발전시켜 줄 것이다.

현재는 고도화된 AI 자동화로 가는 과도기적 시기로 사용자가 조건을 직접 설정하여야 스마트 모드를 사용할 수 있다. 앞으로는 AI가 사용자에게 맞는 자동화 모드를 설정하여 선제적으로 추천할 것으로 예상되지만, AI가 알아서 스마트한 모드를 자동화해 주기 전까지는 사용자들이 스마트 모드를 잘 설정하여 사용할 수 있도록 최대한 편리하고 직관적인 UI/UX를 제공해 주는 것이 중요하다.

여러 기기 그룹화하여
한 번에 제어

지정한 시간에 따라
자동 제어

지정한 조건에 따라
자동 제어

[그림 3-52] KT 기가지니 앱 '스마트 모드' 기능 출처: KT

단순 제어 기능에 비해 스마트 모드 설정은 어떤 조건일 때 어떤 기능을 수행하라는 다소 복잡한 구성으로 이루어져 있기 때문에, 화면 구성이 복잡할 경우 사용자가 이해하기 어려워서 기능을 사용하지 못하는 일이 발생된다.

조건에 해당하는 것은 온습도, 침입 감지 등 여러 가지 센서류, 날짜, 시간이 될 수 있다. 예를 들어 오늘부터 10일간 집을 비울 예정이라 보안을 위해 우리 집이 비어 있다는 사실을 외부에 알리고 싶지 않아 빈집을 지켜 주는 스마트 모드를 설정한다고 가정해 보자. 조건에 오늘부터 10일 간의 날짜를 설정하고, 저녁 7시부터 10시까지로 시간을 지정해 준다. 날짜와 시간을 조건으로 삼고 이제 그 조건이 충족되었을 때는 무엇을 할지를 설정해 줘야 한다. 빈집이라는 사실을 외부에 알리지 않기 위한 것이므로 사람이 있는 것처럼 조명을 켜고, 음악이나 TV도 켜지도록 설정하였다. 이렇게 저녁만 되면 조명이 알아서 켜지고 TV 소리도 들리도록 하여 밖에서는 마치 사람이 집에 있는 것처럼 집 안 환경을 만들어 줄 수 있다.

이렇게 설정하는 과정을 간소화시켜 몇 번의 터치로 원하는 모드가 설정될 수 있도록 최소화된 화면 구성으로 기획되어야 한다.

최근에는 조금 더 진화하여 미리 예상되는 상황을 모아 프리셋 Preset 기능으로 제공해 주고 있다. 사용자는 여러 프리셋 중에 원하는 것을 선택하여 자동화로 설정할 수 있다. 사용자가 집 안에 있는지 집 근처에 있는지, 집에서 멀리 떨어져 있는지 등을 고려한 위치별 상황에 맞는 프리셋이나 오전인지 오후인지 밤인지를 고려한 시간대별 상황에 맞는 프리셋, 그리고 영화를 보는지 공부를 하는지, 쉬는지, 외출을 하는지 등을 고려한 다양한 상황에 맞는 프리셋이 제공되어 사용자는 그대로 사용하거나 일부 기능을 편집하여 사용할 수 있도록 UI/UX가 제공되고 있다.

[그림 3-53] 자동화 모드 프리셋 예시 출처: 삼성전자 SmartThings

[그림 3-54] 자동화 모드 프리셋 예시 출처: LG전자 ThinQ

　　스마트 모드가 실제로 동작하는 것은 설정한 조건에 맞는 상황이 되었을 때이므로 스마트 모드를 설정했다고 해서 사용자가 그 기능을 즉각적으로 확인할 수는 없다. 따라서 사용자가 설정한 스마트 모드에 대한 실시간 데이터를 시각적으로 표시해 주고, 변화하는 환경 조건이나 사용자의 행동에 대한 피드백을 제공하여 사용자가 스마트 모드가 정상 동작하고 있는지에 대한 정보를 언제든 확인할 수 있도록 해야 한다.

　　스마트 모드는 사용자가 주로 일상생활에서 매번 반복하는 루틴화된 생활 패턴을 스마트 모드로 설정하여 자동화하는 경우가 많다. 어쩌다 한 번 사용하는 기능은 그때그때 상황에 맞춰서 사용자가 알아서 제어하는 것이 효율적이지만, 여러 번 반복되어 루틴이 된 경우에는 스마트 모드로 설정하여 자동화하는 것이 더 편리하기 때문이다.

따라서 스마트 모드는 반복적으로 빈도 높게 사용되는 기능들의 모음 형태가 될 수 있으므로 조건에 따라 자동 실행되는 것뿐만 아니라 사용자가 원할 때는 즉시 실행시킬 수 있도록 접근이 용이 해야 한다. 음성명령으로 바로 실행할 수 있어야 하고, 모바일 앱에서는 홈 화면에서 바로 실행하는 버튼이 있어야 한다.

[그림 3-55] 홈 화면 및 모드 화면 내 모드 즉시 실행 기능 출처: KT

향후에는 사용자가 이미 인지하고 있는 루틴 이외에 사용자가 미처 인지하지 못한 루틴이나 변경된 루틴에 대해 AI가 발견하여 사용자에게 추천해 주는 기능이 일반화될 것이다. AI가 사용자의 행동 패턴을 분석하여 사용자의 취향과 라이프 스타일에 맞게 자동화된 루틴을 구성하고, 가전제품과 기기의 사용량을 분석하여 최적의 스마트 모드로 구성하여 선제적으로 추천해 주는 기능이 도입되고 있다.

이렇듯 앞으로는 자동화가 사용자에 맞춰 더욱 세밀하고 정교하게 설정될 것으로 예상되며, 그 적용 범위 또한 더욱 넓은 영역으로 확장될 것으로 예상한다.

2023년 AI Home의 일상

주말 아침 AI 아파트에 사는 30대 아내 김민정 씨는 딸 윤서를 깨우러 방으로 들어갑니다. 방문을 여니 숙면을 위해 설치한 암막 커튼이 쳐져 있어 아직도 방은 한밤중처럼 캄캄합니다. 김민정 씨는 AI 비서 안녕이에게 커튼을 열어 달라고 음성 명령을 합니다. "안녕아, 커튼 열어 줘" 그러자 암막 커튼이 열리면서 아침 햇살이 방한 가득 들어옵니다.

우리집 귀염둥이 펫 몽몽이도 윤서가 누워 있는 침대로 올라가 딸 윤서를 같이 깨웁니다. 윤서가 눈을 비비며 일어나는 모습을 보며 김민정 씨는 주방으로 갑니다. 아침 식사를 준비하여 김민정 씨는 오늘 날씨와 간추린 뉴스를 듣기 위해 "안녕아. 뉴스 브리핑" 하고 말합니다. 오늘 날씨와 미세먼지 정보 그리고 주요한 뉴스가 AI 스피커를 통해 흘러나옵니다. "오늘은 대체로 따뜻하지만, 오후에는 기온이 떨어져 쌀쌀할 수 있으니 꼭 겉옷을 챙겨서 외출하세요. 미세먼지와 초미세먼지는 좋음입니다. 오늘 뉴스입니다…" 김민정 씨는 오후에 가족들과 동물원 나들이 갈 때 미세먼지, 초미세먼지 지수가 좋아서 다행이라고 생각합니다.

남편 최현석 씨는 김민정 씨가 아침을 준비하는 동안 집 안 청소를 합니다. "안녕아, 청소 시작해 줘" 하고 최현석 씨가 말하자 로봇청소기가 집 안 구석구석을 돌아다니며 깨끗하게 청소를 합니다. 최현석 씨는 로봇청소기를 지켜보다 청소하면서 발생하는 먼지를 제거하고 집 안 공기를 쾌적하게 하기 위해 "안녕아, 환기해 줘"라고 말을 합니다.

어느덧 아침 식사 준비를 끝마친 김민정 씨는 딸 윤서와 남편 최현석 씨와 함께 식탁에 둘러앉아 오순도순 이야기 나누며 맛있게 아침 식사를 합니다. 식사 도중에 물을 마시다 생수 주문할 때가 된 것이 기억난 최현석 씨는 잊기 전에 주문을 해야겠다고 생각하며 "안녕아, 마트에서 생수 주문해 줘"라고 하며 바로 생수를 주문합니다. 이제 등록해 놓은 신용카드로 결제된 후 집으로 생수가 배달되어 올 것입니다.

아침 식사 후에 최현석 씨가 설거지하는 동안 김민정 씨는 거실에서 윤서 머리를 빗겨 주다가 이번 달 관리비가 나올 때가 된 것이 생각났습니다. 이번 달 관리비는 얼마인지 그리고 다른 세대와 비교했을 때 우리집 사용량은 적절한지 비교해 보기 위해 우리집 AI비서 안녕이에게 아파트 관리비를 보여 달라고 말합니다. "안녕아, 아파트 관리비 보여 줘"하자 TV 화면으로 아파트 관리비 내역과 세대 간 관리비 비교 데이터가 보입니다. 우리집 AI 비서 안녕이를 통해 쓸데없이 조명을 켜놓지 않게 관리하고 보일러 온도도 적절한 수준으로 조절해서 그런지 다른 세대보다 우리집 관리비가 적게 나온 비교 그래프가 보입니다. 김민정 씨는 AI 비서 안녕이 덕분에 에너지 절약으로 지구도 지키고 내 지갑도 지킨 것 같아 마음이 흐뭇합니다.

오늘은 주말을 맞이하여 가족끼리 동물원에 놀러 가기로 한 날입니다. 외투를 걸치고 나니 나갈 준비가 되었습니다. 이제 우리 집도 외출 준비를 시킵니다. 최현석 씨는 현관으로 걸어 나가면서 "안녕아, 외출 모드"라고 말하자 집 안에 조명이 모두 꺼지고, 가스 벨브는 잠기고, 보일러도 외출 모드로 설정됩니다.

그리고 신발을 신으면서 어제 마지막으로 차를 사용한 김민정 씨에게 차가 어디에 주차되어 있는지 물어봅니다. 김민정 씨는 자동차 주차 위치가 잘 기억나지 않아, "안녕아, 주차 위치 알려줘"라고 물어봅니다. "지하 1층 A3 기둥에 주차되어 있습니다."

요즘 김민정 씨는 깜빡깜빡하는 일이 많아 주차 위치를 기억 못할 때가 종종 있어서 백화점이나 회사 주차장에 가면 주차 기둥에 적힌 주차위치 넘버를 사진 찍어 두곤 하는데, 이렇게 AI 아파트에서는 AI 비서인 안녕이가 주차 위치를 알려주니까, 주차장 기둥 사진을 찍어두거나 자동차 키 리모컨을 팔 아프게 들고 경적 버튼을 누르며 넓디넓은 주차장을 돌아다녀야 하는 불편함이 없어서 좋다고 생각합니다.

김민정 씨는 딸 윤서의 신발을 신겨 주면서 "안녕아 엘리베이터 불러줘"라고 말합니다. 현관문을 열고 나가자 딱 맞춰 도착한 엘리베이터의 문이 열립니다.

주말에 가족과 함께하는 나들이는 언제나 즐겁습니다. 모처럼 동물원에서 토끼, 염소에게 먹이도 주고 여러 가지 동물과 함께 체험도 하며 신나게 놀다 보니 어느새 해가 집니다. 해 질 녘이 되니 날씨가 쌀쌀해집니다. 바깥에서 활동하느라 지친 가족이 집에 돌아가면 따뜻하고 아늑한 집 안의 온기를 느낄 수 있도록 김민정 씨는 집으로 돌아가는 차 안에서 모바일 앱을 열어 보일러 온도를 25℃로 미리 설정해 둡니다. 집에 돌아와 현관문을 여니 문 열림 센서를 통해 우리집 AI 비서 안녕이 우리 가족이 돌아온 것을 알고 거실의 조명을 켜며 반겨 줍니다. 우리 가족을 반겨 주는 환하고 따뜻한 집에 돌아오니 역시 집이 최고란 생각이 절로 듭니다.

오늘 하루도 이렇게 잘 마무리가 되었습니다. 행복한 주말이 지나고 내일은 다시 일상으로 돌아갑니다. 윤서는 엄마 아빠가 출근하고, 윤서도 어린이집에 가고 나면 혼자 있을 몽몽이가 걱정됩니다. 윤서는 몽몽이를 위해 잊지 않고 펫 케이 모드를 실행시킵니다. "안녕아, 월요일부터 금요일까지 펫케어 모드 해줘" 이제 주중에 몽몽이가 집에 혼자 있을 때도 아침저녁으로 조명이 자동으로 켜지고 꺼져서 어둡지 않게 있을 수 있고, 날씨에 따라 냉난방기도 가동되어 춥거나 덥지 않게 적절한 온도로 지낼 수 있어 윤서도 안심입니다.

이제 내일을 위해 잠자리에 들 시간입니다. 김민정 씨는 윤서가 창작 동화를 들으면서 잠들 수 있도록 창작 동화를 틀어 줍니다. "안녕아, 창작동화 틀어 줘" 창작 동화 속 주인공들의 목소리는 언제 들어도 흥미진진합니다. 윤서는 자기가 좋아하는 창작 동화 내용을 들으면서 서서히 꿈속으로 빠져듭니다. 최현석 씨도 숙면을 위한 잠자리 세팅을 합니다. "안녕아 취침 모드" 하자 안방 침대 옆 스탠드를 제외한 집 안의 모든 조명이 꺼지고 거실 TV도 꺼지고 안방의 암막 커튼이 닫힙니다. 마지막으로 침대에 누운 김민정 씨가 말합니다. "안녕아 스탠드 등 꺼줘." 이제 모두가 좋은 꿈을 꾸며 편히 잠이 듭니다.

4. Next AI Home UI/UX 전망

인공지능이 개발되고 AI가 스스로 학습하는 딥러닝 기술이 갖춰지면서 기술은 하루가 다르게 급속도로 발전하고 있다. 기술이 빠르게 발전된다고 해서 실생활에 바로 적용되는 것은 아니다. 그러나 한 번 도입된 AI 기술은 스마트폰처럼 우리의 일상과 생활 패턴을 조금씩 바꿔 가고 있다. 편리함을 맛본 사용자는 과거로 회귀하기를 원하지 않는다.

스마트폰을 한번 생각해 보자. 요즘 우리는 스마트폰으로 많은 일을 처리할 수 있다. 스마트폰만 있으면 거의 대부분의 일을 PC를 켜지 않고도 처리할 수 있다. 스마트폰으로 언제 어디서든 일처리가 가능하므로 편리함은 이루 말할 수가 없다. 이런 스마트폰이 없다면 얼마나 불편할까? TV 프로그램에서 스마트폰 없는 일상을 살아 보는 것을 일부러 기획하여 방영하는 프로그램이 있을만큼 스마트폰은 이제 우리의 생활 그 자체가 되었고, 스마트폰이 없는 생활은 너무나 불편하다는 것에 이견이 없다.

돌이켜 생각해 보면 스마트폰이 보급된 역사는 그리 길지 않은데 발전 속도는 아주 빨랐다. 이는 기술이 실생활에 도입되면서 많은 사용자가 사용하면서 느끼는 불편한 점과 필요한 기능에 대해 끊임없이 요구하게 되었고, 기업들이 경쟁적으로 이런 사용자의 니즈를 충족시킬 수 있는 방향으로 초점을 맞춰서 기술을 개발했기 때문일 수있다.

AI Home도 사람들의 실생활에 연관된 기술이라는 관점에서 스마트폰과 결이 비슷하다. 우리의 일상은 집을 빼놓고 이야기할 수 없다. 누구나 어떤 형태이든 내가 잠자고 쉴 수 있는 공간인 집에서 생활하기 때문이다. 그리고 학교, 회사, 식당 등 다른 공공의 장소와 달리 집은 사적인 공간이기 때문에 나의 것이라는 인식이 강해서 더 애착을 갖게 되는 가장 기본적인 공간이자 필수적인 공간이다.

이러한 집에 AI Home 기술이 도입되었고 사용자 수와 시장 참여 기업 수가 계속 늘어나고 있다. 수요자도 공급자도 모두 늘어나고 있어 적용된 기술에 대한 검증이 실시간으로 되고 있고 이를 통해 불편에 대한 개선과 요구 사항이 구체적으로 발의되고 있다. 기업들은 이러한 사용자의 요구 사항과 새로운 신기술을 접목하여 더 좋은 기능을 계속해서 개발하고 있다.

AI 기술은 조명, 난방, 보안, 가전제품 제어 등 집 안에서 필요한 대부분의 기능을 제공하며 실생활에 빠르게 적용되고 있다. 이렇게 속도감 있게 적용된 요인 중 하나는 홈 네트워크 플랫폼의 국제 표준화도 한몫했다. 홈 네트워크 시장이 활성화되면서 복수의 국제 표준을 제정하여 사용해 왔지만 상호 간에 연동을 위해서는 여전히 일정 시간과 비용에 대한 리소스 투입이 필요하였다. 이러한 문제를 해결하고 더 협력하기 위해 애플, 구글 등 글로벌 기업과 삼성전자, LG전자, 국내 IoT 기업은 매터 Matter 를 표준으로 채택하였다. 이제는 매터가 AI Home의 글로벌 표준 플랫폼으로 급부상하고 있다. 매터로 플랫폼이 단일화되면 제조사와 무관하게 여러 디바이스를 하나로 모두 연결하여 사용할 수 있다. 또한, AI Home 시장에 처음 진입하기 위해서는 기술적으로 많은 투자가 이루어져야 하는데, 플랫폼이 통합되면 진입 장벽이 낮아져 아직 스마트홈 시장에 진출하지 못한 기업들도 시장진입이 훨씬 수월해져 시장은 더욱 커질 것으로 예상된다.

　매터 표준화의 시대가 열리면 지금까지 필요에 따라 2~3개의 앱을 사용하던 사용자도 하나의 앱으로 어떤 디바이스이든 연결하여 사용할 수 있으므로 기업들은 자사 앱으로 사용자를 유입시키기 위한 치열한 경쟁이 벌어질 것으로 예상된다. 매터로 기술이 통일된 상황에서 경쟁을 통해 사용자의 선택을 받기 위해서 기업은 이제 UI/UX를 선택이 아닌 필수로 여기고, 더 나아가 무엇보다 중요한 경쟁 무기로 활용해야 할 것이다.

　다양한 스마트 모드 기능이 제공되면서 편리함을 맛본 사용자들은 더 고도화된 자동화 모드를 요구하고 있다. 다양한 센서류와 카메라 기술이 주거용으로 도입되면서 AI Home에 자동화 기술을 앞당기고 있다. 자동화가 구현되려면 홈 환경을 더욱 정밀하게 감지할 수 있어야 하는데, 이 역할을 해 주는 것이 바로 센서류와 카메라 기술이다. 다양한 센서와 카메라를 통해 데이터가 수집되고,

이 수집된 데이터는 다시 AI와 접목되어 더 정교한 판단을 내릴 수 있는 밑거름으로 활용될 수 있기 때문이다.

침실 천장의 움직임 감지 센서가 나의 수면 시간과 수면 패턴을 분석하여 정신 건강과 신체 건강에 직결되는 수면의 질을 높일 방법에 대해 조언해 줄 수 있고, 안면 인식 카메라를 통해 피부 상태를 진단하여 수분 부족 여부나 영양 상태를 알려주는 것은 물론이고 심박수, 혈압, 호흡수, 산소 포화도 및 심박 변화도 측정하여 수시로 내 건강 상태를 모니터링해 줄 수 있다.

또한, 단지에 설치된 안면 인식 카메라로 단지 내 시설인 커뮤니티 센터와 같은 공용부를 문손잡이를 터치 한 번 하지 않고 편리하게 드나들 수 있고, 시설 이용에 대한 비용도 신용카드나 입주자 카드가 없어도 안면 인식을 통해 결제할 수 있다. 이렇듯 센서류와 카메라의 기술 발전을 통해 더욱 편리하고 다양한 홈 서비스가 제공될 수 있다.

AI는 사용자의 행동을 수집한 방대한 데이터를 정교하고 세밀하게 분석하여 패턴화할 수 있기 때문에 사용자에게 꼭 필요한 순간에 꼭 필요한 기능을 자동화하여 사용자가 요청하기도 전에 먼저 제안하거나 바로 제공해 주는 것이 가능하다. 또 이러한 과정을 거치려면 많은 양의 데이터가 축적되어야 하는데, 클라우드 컴퓨팅의 발전으로 많은 양의 데이터를 쌓아서 분석할 수 있는 환경이 제공되고 있어 실생활에 적용될 날도 멀지 않았다.

이런 발전된 기술들이 AI Home에 도입되고 있으므로 미래에는 사용자의 개입 없이도 스스로 집 안에 있는 다양한 기기를 제어할 수 있는 진정한 자동화를 이루게 될 것으로 예상한다. 여러 기술적, 윤리적, 법적 그리고 보안측면의 도전 과제들이 존재하기 때문에 완전한 자동화까지는 예측하기는 어렵지만 지금보다는 훨씬 고도화된 자동화 기술이 도입될 것이다.

자동화와 함께 계속해서 발전하고 있는 생체 인식 기술은 사용자의 개별적인 얼굴, 목소리, 심박수 등을 활용하여 AI Home에 더욱 개인화된 서비스 제공을 가능하게 할 것이다. 그러나 개인화된 데이터는 정보보호에 대한 이슈와 충돌되는 접점이 있으므로 사용자의 편의성과 개인정보 보호 간의 균형을 유지하는 것이 중요한 쟁점이 될 것이므로 사용자의 데이터를 안전하게 다루고, 보안 및 개인정보 보호에 특별한 주의를 기울여야 할 것이다.

미래에 AI Home이 자동화가 된다면, UI/UX는 다음과 같이 변화할 것으로 예상된다.

사용자의 일상생활을 센서류가 데이터를 수집하고 이 수집된 데이터에 맥락 인식 기술이 적용되어 사용자의 루틴에 맞춰진 기기들이 자동으로 제어되는 자동화가 이루어지면 사용자가 무언가를 직접 제어할 일이 적어져 일상생활에서 더 적은 노력으로 더 편리한 생활을 영위하게 될 것이다. 그래서 월패드나 모바일 앱의 화면은 제어보다는 주로 사용자가 필요로 할 때 현재의 집 상태를 요약해서 보여 주는 형태로 오히려 단순화될 것으로 예상된다.

자동차를 예로 들어 보면 일반 자동차 운전 조작부와 자동 주행이 가능한 테슬라의 운전 조작부를 비교해 보자.

[그림 3-56] 일반 차량 운전석 조작부 출처: 쉐보레

[그림 3-57] 자동주행 차량 운전석 조작부 출처: 테슬라

자동 주행 기술이 적용된 테슬라 자동차는 오히려 사용자가 직접 조작을 해야 할 일이 적기 때문에 조작부는 더 단순해졌다. 오토 기어가 도입되면서 내부분의 자동차들의 기이가 작이지고 단순한 형태로 변한 것도 같은 이치이다.

Voice UI/UX만큼 쉬운 사용자 경험은 없으므로 Voice UI/UX는 더 계승 발전될 것으로 예상된다. 영화 〈Her〉에서 명함 크기 정도 되는 작은 수첩같이 생긴 기기에 AI 음성 어시스턴트 '사만다'가 나오는데, AI 기술이 발전할수록 AI를 구현하는 인터페이스가 커지기 보다는 오히려 기술은 모두 AI가 자동으로 처리하고 사용자와 음성으로 소통하는 작은 인터페이스만 남을 것이라는 예측을 보여 주는 예라고 할 수 있다.

[그림 3-58] AI 사만다Samantha 출처: 영화 <Her>

실제로도 기술이 더욱 발전된 미래에 AI Home을 동작시키는 주된 인터페이스는 자동화와 Vocie UI/UX가 될 것이고, 기존의 월패드와 모바일 앱의 UI/UX는 보조적으로 활용될 것으로 예상된다. 대부분의 기능은 시스템상에서 최적으로 조합되어 설정되고 사용자에게 선제적으로 제안하여 최종 컨펌을 받는 방식으로 진화할 것으로 예상된다. 사용자가 전체 기능을 숙지해야 할 필요도 없고 또 설정하기 위해 화면에 진입해야 할 필요도 없어져 시각적으로 접근되던 화면 UI/UX는 사용자의 의존도가 낮아져 오히려 더 간소화될 것이다.

대신 사용자에게 이런 기능이 필요하니 자동으로 설정하겠다고 AI가 먼저 추천하여 사용성을 유도하고, 사용자의 피드백을 적극적으로 수렴해 가는 등 능동형 UI/UX로 발전할 것이다.

AI Home이 자동화가 되면 사용자가 인지하지 못하는 사이에 집 안에서 여러 가지 기기들이 제어되기 때문에 시청각적 피드백 등을 통해 사용자가 그 상태를 명확하게 이해할 수 있도록 UI/UX가 고려되어야 한다. 이때 월패드와 모바일 앱 화면 UI/UX가 시청각적 피드백 노출을 위한 수단으로 활용될 것이다.

Voice UI/UX는 거대 언어 모델인 LLMLarge Language Model과 접목하여 생성형 AI로 더욱 높은 수준의 대화를 지원하게 될 것이다. 더 발전된 컨텍스트 기반의 대화를 제공하여 다양하고 복잡한 사용자의 명령을 이해하고 사용자와의 상호작용을 자연스럽게 만들어 줄 것이다. 이전 대화 내용, 사용자의 선호도, 환경 조건 등을 종합적으로 고려하여 마치 사람이 하는 것처럼 더 스마트한 응답을 생성해 낼 것이다.

Voice UI/UX가 중심이 되면 사용자 경험은 더 감성적이고 심리적인 측면으로 확장될 수 있을 것이다. 사용자가 음악을 좋아하고 밝은 집안의 분위기를 좋아하는 취향과 라이프 스타일이 있다면 이를 반영하여 음악과 관련된 UX를 제공하거나 사용자가 집에 있을 때는 밝은 분위기의 조명과 채광이 드는 환경을 제공하고 집을 비웠을 때는 에너지를 최소화하는 식으로의 기능 제공은 물론이고, 사용자의 음성 톤이나 표정에 따라 감정 분석을 통해 상황에 맞는 응답을 제공할 수 있을 것이다.

미래에는 사용자가 AI Home을 제어하는 인터페이스가 월패드와 모바일과 같은 기계 속에만 국한되지 않을 것이라고 예상된다. AR과 VR 그리고 홀로그램 기술은 지금도 다양한 형태로 개발되어 구현되고 있는데, 아직 우리의 일상적인 주거 환경에 적용되고 있지는 않다. 그러나 〈아이언맨〉 영화에서 보았듯이 앞으로 자비스와 같은 AI 음성형 어시스턴트와 대화를 나누면서 대화와 관련된 시각 자료가 홀로그램 기술로 반영될 날이 올 것이다.

홀로그램 기술이 AI Home과 접목되어 실생활에 구현된다면 사용자가 실제와 같은 홀로그램 속 가상 공간에서 집안의 기기의 상태를 확인할 수 있는 새로운 경험을 할 수 있게 될 것이다.

또 다른 예측으로는 집 안의 집사와 같은 AI 로봇이 발전되어 적용될 수도 있을 것이다. 로봇 영역 역시 빠르게 발전하며 실생활에 속속 도입되고 있는데 AI Home을 위한 음성형 어시스턴트가 로봇의 형태로 발전해 갈 것으로도 전망된다.

S.F. 영화를 보면 여러 형태의 로봇이 빠지지 않고 등장한다. 2014년 크리스토퍼 놀런 감독의 〈인터스텔라〉 영화에서 '다스Tars'라는 로봇이 등장하는데 형태는 단순한 막대기 4개를 붙여 놓은 듯한 형태지만 주인공과 여러 가지 지적, 감성적, 인격적인 대화를 나누면서 함께 동고동락하는 마치 친구와 같은 모습으로 그려졌다.

[그림 3-59] 다스Tars 로봇출처: <인터스텔라> 영화

최근 출시된 아마존의 홈 로봇 아스트로Astro와 삼성전자 볼리Ballie와 같이 여러 기업은 AI Home과 로봇을 결합하여 실생활에 적용하기 위해 많은 연구를 진행하고 있다. 이를 통해 영화 〈인터스텔라〉에서 등장한 다스와 같은 로봇이 AI Home에서 집사로서의 역할을 하는 미래가 진행되고 있음을 알 수 있다.

Voice UI/UX와 홀로그램 등 고도화된 다양한 기술이 AI Home에 접목되는 시점에는 음성, 터치, 제스처, 시각적 요소 등 다양한 모달리티를 통합한 다중 모달 인터랙션이 강화될 것으로 예상된다. 이렇게만 된다면 〈아이언맨〉을 비롯하여 미래상을 그린 영화에서 나왔던 집 안 장면들의 대부분이 실생활에서 그대로 구현될 수 있을 것이고, 고도화된 여러 기술들이 자유롭게 AI Home과 상호작용하게 될 것이다.

예를 들어 뇌파 인식 기술이 발전하여 AI Home에 접목된다며 사용자가 생각만으로 집 안에 있는 기기를 제어할 수 있게 될 것이다. 사용자가 집에서 휴식을 취하고 있을 때, '커피 한 잔 마시고 싶어'라고 생각하면, 뇌파 인식 기술이 동작하여 커피 머신에서 자동으로 커피를 내리게 될 날도 오지 않을까?

4장

AI Home
x DX 산업과 만나다

1 AI Home x 로봇Robot
2 AI Home x 메타버스Metaverse
3 AI Home x 모빌리티Mobility
4 AI Home x 헬스케어Health Care

AI Home x DX 산업과 만나다

AI Home은 집 안팎과 연계하여 서비스를 확장하여 제공하고 있으므로, 다양한 산업과 연계하여 시너지를 낼 수 있다. 공간space 중심으로 신규 산업 분야로봇, 메타버스 등와의 협력을 통한 새로운 가치와 기회를 만들어 나갈 수 있을 것이다.

1. AI Home x 로봇Robot

AI Home 생활과 연관이 높은 산업 중 하나는 로봇이다. 우리 집에 로봇 집사가 있다고 하면 더 편리하게 홈 라이프 스타일을 즐길 수 있을 것이다. AI Home 로봇은 집 안의 기기 제어뿐 아니라, 생활 정보 안내, 나의 일정 안내, 보안 침입 관제 안내 등 집 안에서 일어날 수 있는 모든 것을 스스로 이동하면서 판단하고 공유해줄 수 있다.

아마존 아스트로Astro

집 안에 홈 로봇을 선보인 대표적인 사례는 아마존의 아스트로이다. 아마존이 개발한 가정용 로봇으로 2022년 9월 공개되어 초대 프로그램에 참여한 일부 사용자만 구매할 수 있었고, 2023년 말부터는 미국 내 일반인들도 구매할 수 있게 되었다. 애니메이션

월E에서 나온 로봇과 비슷한 외형을 가지고 있는 아스트로는 집 안을 돌아다니면서, 비서, 원격 돌봄, 가정 보안 등의 역할을 수행할 수 있다.

인공지능 비서인 알렉사를 탑재하여 음악 재생, 날씨 확인, 쇼핑 등 다양한 작업을 요청하고, 물건을 실을 수 있는 공간이 있어서 "엄마에게 물건 가져다줘"라고 하면 해당 인물을 찾아서 물건을 가져다줄 수 있다. 새로운 호칭이 나오면 기존 프로필 중 물어보는 화면이 나오고 해당 호칭과 연결해 주면 알아서 입력된다. 원격 돌봄 기능으로 아이들, 노인, 장애인 등 취약 계층의 안전을 돌볼 수 있으며, 실시간으로 집 안 상황을 전송하고, 응급 상황에는 도움을 요청할 수 있다.

아스트로 연결 시, 앱에서 사용하기 위한 맵 Map을 전송하고, 아스트로가 집 안의 구조를 파악해서 스스로 자율주행 하면서 이동할 수 있다.

[그림 4-1] 아마존 아스트로출처 : amazon

아스트로에 탑재되어 있는 주요 기술은 인공지능 AI, 비주얼

ID Visual Identify , SLAM Simultaneous localization and mapping 등이 있다. 인공
지능의 경우 인공지능 음성 비서 알렉사가 내장되어 있어서, 음성
인식을 통해 소통할 수 있다.

비주얼 ID의 경우, 집에 있는 사람들을 인식하고 구별할 수 있는
기술이다. 집을 순찰하는 중 누군가 집에 들어오면 아스트로는 방
문자를 인식하여 낯선 얼굴인 경우 알림을 제공한다. 인식된 사람
대상으로 맞춤형 상호작용도 가능한데, 등록되어 있는 사람이 보
이면 해당 사람의 이름을 부를 수 있고, 인식한 사람에 맞춰 온도
조절 장치를 조정하거나 이동 시 선호하는 음악을 재생하는 등 맞
춤형 루틴을 실행할 수 있다.

SLAM 기술은 집을 안전하고 효율적으로 탐색할 수 있는 기술로
써, 아스트로가 이동하면서 생활 공간의 상세한 지도를 만들고,
지도 내 자신의 위치를 지속적으로 탐색하여 현재 위치와 어디로
이동하는지를 체크하며, 실시간 위치 기반으로 장애물을 피하고
목적지에 도달하는 효율적인 경로를 제공해 주는 기술이 포함되
어 있다.

아마존에서 강조하는 아스트로의 주요 특징은 지능형 모션 Intelligent
Motion , 링 프로텍트 프로 Ring Protect Pro 등이 있다. 먼저 지능형 모션이
란 집 안을 안전하고, 효율적으로 이동할 수 있는 아마존의 고급 내
비게이션 시스템이다. 라이다 Lidar , 카메라, 관성 측정장치 센서 IMU:
Inertial Measurement Unit 등을 활용하여, 집 안의 지도를 만들고, 장애물을

피하고, 좁은 공간 등을 탐색하여 안전한 거리를 유지하게 한다.

링 프로텍트 프로는 아마존에서 출시한 출입 보안용 초인종 및 카메라와 같은 Ring 장치와 연동하여 제공하는 서비스이다. 집 안에서 유리가 깨지거나, 연기 등 특정 이벤트가 발생하면, 아스트로에 내장된 카메라가 동작하여 상황을 확인하고, 경보를 발생하거나 응급 서비스에 연락할 수 있다. 또한, 집에 없는 동안 아스트로가 집을 순찰할 수 있도록 예약하여 침입자 확인 및 침입 방지를 할 수 있고, 상황이 발생했을 때 실시간 녹화 저장을 통해서 정확한 상황 확인을 할 수 있도록 도와준다.

링 프로텍트 서비스의 경우 30일 체험판 이후 구독형 서비스로 전환하도록 비즈니스 모델이 설계되어, 아마존이 로봇 기기 판매 이후 구독형 서비스로 연계하는 사업 모델로 확장하고 있다.

삼성전자 볼리Ballie

삼성전자도 로봇 시장에 계속 관심을 기울이고 있다. 2023년 초 레인보우 로보틱스 등 유망 로봇 기업에 투자까지 하면서, 로봇을 신사업으로 생각하고 키워 나가고 있는 중이다. 이런 시점에 CES 2024에서 삼성전자는 AI Home 로봇인 '볼리'를 선보였다. 볼리는 2020년 CES에서 처음 등장한 로봇으로 당시 공 모양으로 굴러다니면서 집 안의 집사 역할을 하는 콘셉트로 나왔는데, 4년 후 실제 판매용 버전으로 출시되었다. 2020년 버전보다 크기는 커졌으나 공 모양의 구조는 동일하며, 세계 최초 원·근접 투사가 가능한 듀얼렌즈 기술 기반의 프로젝터를 탑재하여 집 안의 벽, 천장, 바닥 등 어디에서나 화면을 보여 줄 수 있는 기능이 추가됐다.

볼리는 집 안을 스스로 돌아다니면서 생활 데이터를 축적하고, 집 안 가전 기기를 관리하고 제어할 수 있다. 사용자의 일상생활을 돕고 즐겁게 해 주는 기능을 포함하여 집 안의 반려 로봇으로도 역할을 할 수 있을 것으로 기대된다.

[그림 4-2] 삼성전자 볼리 출처: 삼성전자

볼리가 가지고 있는 주요 기능은 AI 스마트 허브, AI 패밀리 컴패니언동반자, AI 어시스턴트집사 기능이다.

AI 스마트 허브는 삼성전자 스마트싱즈와 연결되어 있는 집 안의 기기들을 확인하고, 주변 환경 등 인식을 통해 사용자의 생활 환경을 분석하고 학습하여 스스로 동작할 수 있다. 집 안을 이동하면서 공간을 인식하여, 스스로 집 안의 맵map을 완성하고, 스마트싱즈로 연결되어 있는 가전들을 쉽게 관리하고 제어할 수 있다.

AI 패밀리 캠패니언은 집 안에서 생활하는 가족과 반려동물을 돌봐 주는 기능이다. 가족의 건강 상태를 확인하고 집 안의 주요 일정을 알려 주며, 자녀나 반려동물을 모니터링하면서 이상 상황 발생 시 사용자에게 알려주는 역할을 한다. 또한, 일상생활에서 두 손을 자유롭게 사용하기 어려울 경우, 전화벨이 울렸을 때 쉽게 받을 수 있도록 도와주며, 방문자가 초인종을 눌렀을 때 사용자를 대신하여 집 밖의 방문자를 확인해 주는 등 집 안에서 함께 살면서 동반자로서 역할을 할 수 있다.

AI 어시스턴트는 현재 우리가 알고 있는 AI 스피커 스마트 스피커 에 적용되고 있는 기능이다. 아침 기상 시간에 맞춰 사용자가 세팅해 놓은 설정대로 조명이 켜지고, 음악이 재생되는 등의 기능이 제공되고, 볼리에 탑재된 프로젝터를 통해 그날의 날씨나 일정 등을 집 안의 벽이나 바닥 등에 화면을 투사하여 보여 주는 기능까지 제공된다. 음성 인식 기능을 통해서 알림을 받았던 것에 한 단계 더 나아가 디스플레이 스크린 화면을 통해서 한눈에 정보를 확인할 수 있도록 도와준다. 또한, 집 안에서 생활하면서 하나의 보조 스크린으로 활용할 수 있어, 사용자가 추가로 보고 싶은 내용이나 안부 영상 통화 등을 스크린을 통해서 확인할 수 있다.

볼리는 이동이 가능한 로봇이기 때문에 기존에 주로 한 곳에 고정이 되어 있던 스크린 탑재 디바이스와 다르게 집 안 바닥, 벽, 천장 등 원하는 곳 어디든 화면을 표시할 수 있다는 장점이 있다.

삼성전자는 볼리를 시작으로 다양한 홈 로봇을 출시할 것으로 예상된다. 가전과 로봇의 연결을 통해서 새로운 가치를 만들어 주고, 사용자들에게 삼성전자 가전을 구매하기 위한 하나의 중요한 마케팅 포인트로 활용할 것이다.

LG전자 스마트홈 AI 에이전트Agent

CES 2024에서 LG전자도 홈 로봇인 '스마트홈 AI 에이전트'를 선보였다. '만능 가사 생활 도우미'라는 콘셉트로 집 안의 곳곳을 돌아다니며, 인공지능으로 연결되어 있는 가전 기기를 제어하고, 생활 패턴을 분석하여 집 안을 최적의 상태로 만들어 주는 역할을 한다.

LG전자는 2017년 CES에서 'LG 클로이 홈 로봇'을 처음 공개했다. 커다란 디스플레이 화면 안에 두 눈을 탑재하여, 사용자가 말하는 내용을 듣고 답변해 주고, 교육 콘텐츠를 포함하여 아이들과 소통할 수 있는 기능까지 확장하였다. 홈 로봇 시장에 대해 지속적으로 관심을 보이던 LG전자는 이번에 '스마트홈 AI 에이전트' 공개로 한 단계 업그레이드된 홈 로봇을 선보였다.

[그림 4-3] LG전자 스마트홈 AI 에이전트 출처: LG전자

스마트홈 AI 에이전트는 LG전자가 축적하고 있었던 로봇 및 AI 기술이 탑재되었다. 특히 두 다리에 바퀴를 부착하여, 집 안에서 자유롭게 이동할 수 있게 설계되었고, 사용자의 상태 및 주변 환경을 분석하여 사용자에게 필요한 기능을 제안해 주며, 스마트홈 허브 역할로서 집 안 내 가전 기기와 연결하여 최적화된 기기 제어까지 가능하도록 구성되어 있다. 또한, 스크린 화면에 두 눈동자를 탑재하여 감정 표현까지 할 수 있어 사용자가 더욱 친밀하게 느낄 수 있게 하였다.

스마트홈 AI 에이전트도 삼성전자 볼리와 제공하는 기능들은 유사하다. 집 안의 반려동물 모니터링, 가전 기기 제어, 이상 상황 발생 시 알림, 교통, 날씨, 일정 정보 알림 등 집 안팎의 환경 등을 분석해서 사용자에게 알려주는 기능이 포함되어 있다. 또한, LG 씽큐 앱과 연동되어 약 복약 시간 등 정보를 입력해 두면 해당 시간에 맞춰 알려 주는 등 생활 도우미 콘셉트에 맞는 기능들도 추가로 제공한다.

LG전자는 가정용 홈 로봇뿐 아니라 서빙 로봇, 안내 로봇 등 생활 속에서 유용하게 사용할 수 있는 분야에도 적용하여 운영하고 있는 상황이다. 그동안 지속적으로 쌓아온 LG전자만의 로봇 역량을 통해서, 사용자들은 차기 로봇 제품들에 대한 기대감을 계속 갖게 될 것이다.

아마존, 삼성전자, LG 전자 등의 기업들이 출시한 집 안에서 함께 생활하는 '홈 로봇'은 사용자의 생활 패턴 데이터를 분석하여 최적화된 서비스를 제공하는 역할까지 확장될 것이다. 사용자 생활 패턴 데이터와 집 안에 연결되어 있는 가전 기기들이 연계되어 사전 설정 없이 맞춤형 서비스를 제공받을 수 있는 등 그 범위가 더욱 폭넓게 확장될 것으로 예상된다.

집 안뿐 아니라, 집 밖에서도 로봇의 역할은 확대될 것이다. 대표적인 로봇은 '배달 로봇'이다. 아파트 단지 인근 매장에서 주문하면 집 안까지 배송해 주는 로봇들이 생겨나고 있다. 배달의 민족에서는 2019년 자체 개발한 로봇 '딜리Dilly'를 선보였다. 실내외 자율주행이 가능한 배달 로봇으로 음식 배달만 하는 것이 아니라, 다양한 물품까지 배달에 활용할 수 있다.

배달 로봇이 아파트 세대까지 들어오려면, 아파트 단지 통과 후 공동 현관문 출입, 엘리베이터 연동 등 고려해야 할 사항들이 많은데, 관련 기업 간 협약 등을 통해서 세대까지 들어올 수 있도록 서비스 제공에 대한 협력을 하고 있다. 아직은 시범 운영을 통해서 일부 지역에서만 돌아다니고 있지만, 배달 인프라의 혁신을 앞당기기 위해 계속 개선해 나가고 있다.

[그림 4-4] 배달의민족의 딜리 로봇 출처: 배달의 민족

　건설사에서도 주거 생활 내 적용할 수 있는 로봇에 관해 연구하고 있다. 삼성물산에서는 단지 내 짐을 날라 주는 '짐 로봇'을 개발하여, 서울 반포 재건축 단지 내 도입하려고 계획 중이다.

　인공지능과 자율주행 기술을 적용한 짐 로봇은 단지 내에서 짐을 운반하는 역할을 한다. 로봇 내 라이더, 레이더, 카메라 등 다양한 센서가 부착되어 있어 주변 환경을 인식하고, 충돌 방지 기능, 보행자 인식 기능 등이 있어 안정성 있는 운행을 할 수 있도록 설계하였다. 최대 50kg 짐을 운반할 수 있는 이 로봇을 사용하기 위해서 입주민은 앱을 통해 예약하고 로봇이 짐을 수거하고 배송하는 과정을 확인할 수 있게 개발되었다.

　이외에도 단지 내 보안을 맡아 줄 보안 순찰 로봇, 커뮤니티 센터 내 커피를 제공해 주는 커피 로봇 등 주거 생활과 연계하여 입주민들의 생활 편의를 향상시키고, 프리미엄 단지 효과를 높이는 로봇에 관한 연구를 계속 진행하고 있다.

[그림 4-5] 삼성물산 커뮤니티 로봇 출처 : 삼성물산

AI Home 시대에 로봇 산업은 다음과 같은 방향으로 발전될 것으로 전망한다.

앞서 아마존, 삼성전자, LG전자 등 글로벌 대표 기업들이 집 안의 홈 로봇을 출시하고 운영하는 것을 보면 첫째, 로봇은 AI Home의 핵심 요소로 자리 잡을 것이다. AI Home은 사물인터넷 기술을 기반으로 다양한 디바이스와 연결하여 편리하고 안전한 주거 환경을 제공하는 것이 주요 목적이다. 홈 로봇을 통해서 집 안에서 함께 생활하면서, 중요한 집사 역할을 하기에 향후 가구당 홈 로봇을 1개씩 보유하면서 보안, 돌봄 등 다양한 분야에 활용되지 않을까 생각한다.

둘째, 인공지능 기술의 발전과 함께 융합하여 더욱 똑똑한 AI 로봇들이 출시될 것이다. AI 기술을 통해 로봇이 스스로 생각하고 판단할 수 있는 능력이 향상되면서, 효율적이고 다양한 작업을 수행할 수 있도록 성장할 것이다.

테슬라에서는 휴머노이드 로봇인 '옵티머스Optimus 로봇'을 선보였다. 인간의 모습과 동일하게 생긴 이 로봇은 자체 설계한 구동장치와 센서를 사용하여, 손과 발이 좀 더 자연스럽게 움직일 수 있도록 설계되었다. 2022년 테슬라 AI데이 행사에서 처음 공개되었을 때는 손만 흔드는 모습을 보여 줬지만, 최근에 빨래를 개는 영상까지 보여 주면서 사용성이 개선되었음을 알 수 있다. 테슬라가 만든 인간형 로봇이 계속 발전하여, 주거 생활에서 사용할 수 있는 수준까지 올라간다면, 인간과 공존하는 AI Home 로봇 시대가 시작되지 않을까 생각해 보며, 그 시간이 머지않았다고 조심스럽게 예상해 본다.

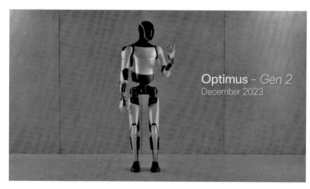

[그림 4-6] 테슬라 옵티머스 로봇 출처: 테슬라

2. AI Home x 메타버스_{Metaverse}

메타버스 개념

메타버스_{Metaverse}는 가상, 초월을 의미하는 'Meta'와 세계, 우주를 의미하는 'Universe'를 합성한 신조어로, 현실 세계와 가상 세계가 융합된 디지털 공간을 지칭하는 용어이다. 독립된 가상 세계인 메타버스는 사용자들이 가상 공간에서 상호작용하고 활동할 수 있는 디지털 환경을 제공한다. 메타버스는 디지털 경험을 더 현실적이고 상호작용할 수 있는 수준으로 끌어올리는 것을 목표로 하며, 게임, 교육, 엔터테인먼트, 비즈니스 등 다양한 산업과 분야에 영향을 미치고 있다.

메타버스는 일반적으로 3D 가상 세계로 표현되며, 사용자들은 가상의 아바타를 생성하여, 가상 공간에서 다른 사용자들과 소통하며 사회, 경제, 문화 등 다양한 활동을 할 수 있다. 현재 메타버스를 활용한 사례로는 가상현실 게임, 온라인 회의, 가상 상점, 창작 및 교육 플랫폼 등을 들 수 있다.

메타버스의 주요한 특징은 다음과 같다.

첫째, 가상 세계와 현실 세계의 연결이다. 메타버스는 가상 세계와 현실 세계가 연결되어 있어, 사람들이 가상 세계에서 현실 세계의 활동을 이어갈 수 있다. 예를 들어, 실제로 같이 일하는 현실 세계의 동료들과 메타버스에서 회의를 하거나, 현실 세계의 친구들과 온라인 쇼핑을 하거나 만나는 것이 가능하다.

둘째, 현실과 같은 몰입감이다. 메타버스는 가상현실 Virtual Reality, 증강현실 Augmented Reality, 혼합현실 Mixed Reality 기술을 사용하여 현실과 같은 몰입감을 제공한다. 이를 통해 사람들은 가상 세계에서 실제와 같은 경험을 할 수 있다.

셋째, 개방성 및 연결성이다. 메타버스는 개방성과 연결성이 있어, 다양한 사람들이 자유롭게 참여할 수 있고 상호작용할 수 있다. 이를 통해 새로운 커뮤니티와 문화가 형성될 수 있다.

메타버스는 아직 초기 단계이지만, 향후 사회와 경제에 큰 영향을 미칠 것으로 예상된다. CES 2024에서 전 세계 13개국의 임원진 59%는 메타버스가 장기적으로 소비자와 비즈니스에 큰 영향을 미칠 것으로 전망하기도 하였다. 최근 애플에서 최초 공간 컴퓨터 first spatial computer 인 '비전 프로 Vision Pro' 제품이 출시하면서 다시 메타버스에 관한 관심이 높아지고 있다. 메타버스가 본격적으로 활성화되면, 사람들은 현실 세계와 가상 세계를 넘나들며 새로운 방식으로 삶을 영위하게 될 것으로 예상되기 때문에 기술의 발전과 함께 메타버스는 미래 디지털 환경의 핵심 개념 중 하나가 될 것이다.

메타버스와 AI Home의 결합

AI Home과 메타버스가 기술적으로 결합하면 다양한 측면에서 활용될 수 있을 것이다. 자기가 살고 있는 집과 동일한 가상 공간에서 기기를 제어하고 상태를 확인할 수 있는 것은 물론이고, 미리 내가 살게 될 집의 가구나 가전제품의 배치를 구상해 보는 용도로 활용되는 등 다양한 방식으로 우리의 실생활에 적용될 수 있을 것이다. 기업들도 메타버스와 AI Home을 결합한 여러 가지 실험과 프로젝트를 진행하고 있고, 실제 비즈니스 모델로 상용화하여 경제적 효과를 발생시킨 사례도 늘어나고 있다.

① 삼성전자의 비스포크 홈메타Home Metter

삼성전자는 2023년 8월에 올림플래닛의 메타버스 플랫폼 엘리펙스ELYPECS를 기반으로 한 '비스포크 홈메타'를 선보였다. 비스포크 홈메타는 다양한 인테리어 콘셉트로 구성된 3차원의 가상공간에서 비스포크 가전제품을 미리 배치해 보고 잘 매칭이 되는지 확인할 수 있으며 구매까지 할 수 있는 체험형 가전 시뮬레이션 서비스이다. 고객에게 현실감 있는 정보를 제공하기 위해 국내 가장 많이 보급되고 있는 아파트 평형인 $53\,m^2$, $96\,m^2$, $99\,m^2$, $141\,m^2$, $182\,m^2$ 총 5가지 가상공간으로 구성되어 있고, 내부도 거실, 드레스룸, 주방, 세탁실 등으로 세분화하여 실제에 가까운 경험을 해 볼 수 있다. 다른 사용자들의 솔직한 사용 후기를 확인할 수 있고, 사용자들이 구매 후 여러 방식으로 직접 스타일링한 사진도 확인할 수 있으며 채팅을 통해 정보를 공유할 수도 있다.

[그림 4-7] 비스포크 홈메타 출처: 삼성전자

② 삼성물산 홈닉Homeniq

2023년 7월에 출시한 삼성물산 홈 플랫폼 '홈닉'은 차별화된 주거 서비스를 한데 모아 삶의 가치를 높여 주는 차세대 홈 플랫폼을 표방하며 집 안의 전자제품, 스마트 기기 제어 및 각종 주거 관련 서비스를 제공한다. 홈닉 앱에 적용된 메타버스는 '홈닉 메타버스'라고 불리며, 메타버스 플랫폼인 '엘리펙스'를 기반으로 한다. 홈닉 메타버스에서는 집 안과 단지를 둘러보는 기능과 이웃들과 소통하는 기능을 제공한다. 집 안의 모든 공간을 가상으로 둘러보며 조명, 난방, 가전제품 등을 제어하고 집 안의 환경을 조절할 수 있다. 그뿐만 아니라 커뮤니티 시설, 주차장, 공원 등 단지의 다양한 시설을 가상공간에서 둘러볼 수 있다. 채팅, 커뮤니티, 이벤트 등을 통해 다른 입주민들과 가상에서 소통하고 교류할 수 있다.

홈닉 앱에 탑재된 메타버스를 통해 가상 공간에서 3D 스타일링으로, 가구, 소품, 조명 등을 자유롭게 꾸며볼 수 있는 '스타일 갤러리'도 같이 선보였다. 이를 통해 온·오프라인 공간에서 다양한 가전제품과 가구를 배치해 보며 내가 원하는 인테리어를 미리 확인할 수 있고, 오프라인 매장과 연계하여 상담 및 구매도 가능하다. 신세계 까사미아를 비롯해 국내 유명 인테리어 스타일링 브랜드와 가구회사가 서비스 제공에 참여하며 본격적으로 수익 모델화해 가고 있다.

[그림 4-8] 삼성물산 홈닉 & 스타일 갤러리 출처:홈닉

③ DL 이앤씨 디버추얼D.Virtual

DL 이앤씨는 건설업계로는 최초로 2022년 7월 '디버추얼 D.Virtual'이라는 실시간 가상 시각화 솔루션을 선보이며 메타버스 모델하우스를 도입하였다. 디버추얼은 기존 3차원 가상현실 3D VR 보다 더욱 고도화된 그래픽 기술로 실제 모델하우스와 흡사하게 구현되고 있어 고객들이 언제 어디서나 원하는 시간에 모델하우스를 둘러볼 수 있다.

[그림 4-9] 디버추얼 서비스 출처: DL E&C

디버추얼을 통해 아파트 내장재, 마감재, 가구 옵션 등을 자유롭게 조합하여 자신만의 공간으로 구현해 볼 수 있다. 과거 대비 아파트가 다양한 평형과 타입을 선보이고 인테리어에 대한 눈높이와 관심도가 높아지면서 옵션의 종류도 다양해졌다. 그러나 아파트를 분양받고 모델하우스에 방문하면 그곳에 설치된 일부 옵션 상품만 눈으로 확인할 수 있고 그 외 더 많은 옵션은 인쇄된 종이나 마감재 샘플을 통해 확인해야 해서 일반 고객 입장에서는 실제 어떻게 구현될지 상상하기 어려웠다.

DL 이앤씨의 디버추얼이 도입되면서 이러한 문제를 해소할 수 있게 되었다. 현관에 중문을 달거나 거실 우물천장의 디자인을 바꾸거나 주방에 아일랜드를 설치해 보거나 침실 바닥을 강화마루로 선택하거나 붙박이장을 설치했을 때 등 30개 이상의 다양한 옵선과 구조의 변경을 원하는 대로 100만 개가 넘는 조합으로 즉시 만들어 볼 수 있다. 이를 통해 입주할 나의 아파트 내부를 가상 공간에서 미리 선호하는 옵션으로 적용된 모습을 입주 전에 확인할 수 있게 되었다. 이렇게 눈으로 직접 확인이 가능하다 보니 옵션을 선택하는 비중도 높아져 고객 편의 향상과 더불어 사업적으로도 매출 증가에 기여하고 있다.

DL 이앤씨는 디버추얼을 개발하기 위해 옵션의 모든 마감재를 영화나 게임 제작 등에 쓰이는 '물리기반렌더링PBR' 기술을 활용하여 디지털 자산화하였다. DL 이앤씨는 앞으로 실재하는 사물이나 시스템 등을 가상공간에 구현하는 '디지털 트윈Digital Twin'을 구축해 분양뿐만 아니라 시공 및 품질관리 등 모든 단계에서 메타버스 솔루션을 활용해 나간다는 계획이다.

④ DL 이앤씨 디뷰D.View

DL 이앤씨는 2022년 7월에 디버추얼뿐만 아니라 아파트 입주 지원 서비스인 '디뷰D.VIEW'도 론칭하였다. 디뷰는 공사가 완료된 실제 세대 내부를 360도 가상현실VR 플랫폼으로 구현해 고객들에게 입주 단계별로 다양한 정보와 서비스를 제공해 주는 기능이다.

지금까지는 아파트 입주자들이 사전 점검 이후 입주할 때까지 아파트 세대 방문이 불가능하였는데, 디뷰는 입주를 앞둔 고객들이 언제 어디서든 내 집을 둘러보고 세대 내부에 대한 각종 정보를 손쉽게 찾아볼 수 있는 기능을 제공하고 있다.

[그림 4-10] 디뷰 서비스 출처: DL E&C

　DL 이앤씨는 공사가 완료된 아파트의 실제 세대 내부를 타입별로 360도 카메라로 촬영해 가상현실로 구현하여, 사전 점검부터 이사 및 입주 후 단계에 이르기까지 다양한 기능과 서비스를 편리하게 이용할 수 있다. 아파트 입주 예정 고객들은 사전 점검 단계가 되면 디뷰를 통해 내 집과 동일한 세대를 언제든 살펴볼 수 있어, 기존에 평면도로는 파악이 어려웠던 조명과 콘센트 위치 등 세세한 정보를 눈으로 확인할 수 있다. 수납장이나 팬트리 내부 구성도 살펴볼 수 있을 뿐 아니라 측정 모드를 통해 원하는 곳의 길이나 높이, 깊이 등을 측정할 수 있어 인테리어나 가구 배치 등에 유용하게 활용할 수 있다. 디뷰는 사전 점검부터 입주 후까지 단계별로 차별화된 입주 지원 서비스를 제공할 것이다. 더 나아가 전세나 매매 거래에도 직접 세대를 방문하는 대신 디뷰를 활용할 수 있을 것이다.

이외에도, 다양한 기업들이 AI Home에 메타버스를 도입하기 위한 연구와 사업화를 진행하고 있다. 메타버스가 AI Home에 본격적으로 도입되면 사용자들은 집 안에서 더욱 편리하고 풍요로운 삶을 누릴 수 있을 것으로 기대된다. 집 안의 가구나 조명, 벽지 색상 등을 VR이나 AR을 통해 미리 원하는 대로 배치하여 확인해 보고, 물건을 구입하는 것이 생활화될 것이고, 집안의 보안 상태를 확인하거나, 에너지 사용량을 관리하는 등의 서비스도 VR이나 AR을 통해 제공될 수 있을 것이다.

또 집안의 가상 공간에서 가상 친구나 멀리 떨어져 있는 가족과 함께 게임을 하거나, 영화를 보거나, 파티를 열 수도 있고, 교육이나 직업훈련을 받는 등 가상 친구나 가족과 함께 집안에서 다양한 활동도 할 수 있을 것이다.

메타버스와 AI Home 기술과의 접목은 아직은 초기 단계에 있지만, 벌써 여러 분야에서 시범 적용되고 있고 수익화를 이룬 사례도 있어 계속 발전해 갈 것으로 보인다. 앞으로 VR, AR 및 기타 관련 기술의 발전이 계속되면서 메타버스의 사용자 경험도 풍부해질 것이다. 특히 MZ 세대는 디지털에 익숙하여 메타버스와 같은 새로운 기술을 적극적으로 받아들일 것으로 예상된다. 또한, 더 높은 해상도, 더 나은 그래픽, 실감 나는 터치 및 소리 효과 등이 기술적으로 발전하면서 더 현실적이고 몰입감 있는 가상 환경이 만들어질 것이다.

여러 기업이 메타버스에 투자하고, 새로운 서비스 및 경험을 개발하는 등 활발한 참여가 진행 중이고, 금융, 엔터테인먼트, 교육, 건설, 리테일 등 다양한 산업에서 메타버스 기술을 활용하고자 하는 동향이 계속해서 증가하고 있다. 디지털 자산의 교환, 가상 소비, 가상 소셜 경제 등에서 계속 관심이 증가하면서 메타버스는 새로운 경제 생태계를 형성하는 중요한 플랫폼이 될 것으로 예상된다.

3. AI Home x 모빌리티 Mobility

자동차는 집과 함께 하나의 중요한 공간 개념으로 발전하고 있다. 이전의 자동차는 단순하게 이동 수단으로만 생각되었다면 이제는 연결 Connectivity 을 통한 자율주행 Autonomous driving 기술을 접목하여 자동차 안에서 운전자는 운전을 하지 않고 개인 활동을 즐길 수 있는 세상으로 한 걸음씩 나아가고 있다. 2002년 영화 〈마이너리티 리포트〉에서 주인공이 탑승 후에 스스로 이동했던 자동차 세상이 조금씩 현실로 다가오고 있다.

[그림 4-11] 영화 속 자율주행 장면_{출처: 영화 <마이너리티 리포트>}

현재로 돌아와서 살펴보면 자동차에서 홈과 연결되어 집안의 기기를 제어하고 환경을 볼 수 있는 '카투홈 Car to Home' 서비스가 이제는 보편화되고 있는 추세이다. 카투홈은 단어 그대로 카_{자동차}에서 홈_집 안의 기기들을 컨트롤할 수 있는 기능으로써 자동차 구매 시 필수 또는 옵션 상품으로 이용할 수 있다. 국내 대표 자동차 회사인 현대자동차에서는 2018년 '제네시스'에 기능을 탑재하였고, 2019년부터는 다른 차종까지 적용 범위를 확대하고 있다. 카투홈 서비스를 제공하기 위해서는 자동차에서 '커넥티드_{연결}' 환경이 중요하다.

초기 커넥티드 서비스는 차량용 통신 단말기로 고객센터에 연락하는 정도의 수준이었다면 서비스의 지속적인 개발을 통해서, 원격 시동, 차량 진단, 스마트홈 제어 기능 등 다양한 기능의 업그레이드를 통해 편의성과 효율성을 극대화하고 있다. 이러한 기술 개발을 토대로 자동차는 단순한 이동 수단을 넘어서, 커넥티드연결 기능을 통해 다양한 정보와 서비스를 이용할 수 있는 차세대 자동차의 개념인 '커넥티드카'의 시대로 진입하게 되었다.

커넥티드카 서비스는 차량과 차량 간의 통신, 차량과 인프라시설 간의 통신을 통해 주변 차량의 위치, 속도 등 정보 공유를 통해서 사고를 예방할 수 있고, 도로 상황, 신호등 정보 등 실시간 정보 업데이트를 통해 최적의 경로 안내를 제공한다. 추가로 차량 내 인포테인먼트IVI : In-Vehicle Infotainment 기능을 통해서 음악, 영화 등 다양한 엔터테인먼트 콘텐츠를 이용할 수 있으며, OTAOver-The-Air 소프트웨어 업데이트를 통해 차량 소프트웨어를 최신 버전으로 업데이트하여 자동차 관리를 용이하게 만들었다.

커넥티드카 서비스 제공은 홈과의 연결을 통해서 생활의 편리함을 만들 수 있게 되었다. 앞서 언급했던 '카투홈' 서비스뿐 아니라 '홈투카' 서비스 제공을 통해서 자동차와 집과의 양방향 서비스 제공 환경을 구축하였다.

운전자가 자동차 안에서 집 안의 기기 제어하는 것과 동일하게 집 안에서도 자동차 제어가 가능하며, 차량 내 디스플레이를 통해서 집 안의 CCTV 영상 확인, 침입 감지 알림 등 정보 확인뿐 아니라, 집 안의 스피커에서도 차량 도착 알림, 주행 정보 상태 확인 가능하다. 또한, 차량 위치 정보를 기반으로 집을 나서면 자동으로 집 안의 조명, 난방 끄기, 도착 전 조명, 난방 켜기 등 편의성과 안전성 향상을 고려한 스마트한 기능까지 이용할 수 있다.

자동차 회사들은 커넥티드카 서비스를 통해서 사용자들에게 편리한 자동차 라이프를 제공하기 위해 지속적으로 기술 및 서비스를 고민하고 있으며, 사용자들에게 자동차 공간에서 홈을 포함한 공간으로 산업 간 융합의 방향성을 제시하고 있다.

BMW+Amazon 생성형 AI

BMW는 아마존 알렉사 기반의 생성형 AI와 연계된 지능형 개인 비서 BMW Intelligent Personal Assistant 를 탑재했다. 이를 통해 운전자에게 더욱 개인화되고 자연스러운 경험을 제공할 수 있게 되었다. 운전자의 말투, 선호도, 과거 대화 내용 등을 기반으로 운전자가 원하는 정보를 자연스럽게 질문하고 필요한 답변을 얻을 수 있다. 예를 들어 "안녕 BMW, 라스베이거스 도로에서는 어떤 주행모드가 좋을까?"라고 물어보면, "가속 모드를 추천합니다."와 같이 답변해 주고, 차량 및 도로 상태를 확인하여 맞춤형 추천 기능을 제공해 줄 수 있다.

또한, 날씨, 교통 상황 등 주변 실시간 정보를 활용하여, 최적의 주행 정보를 문의하면 그에 맞춰 답변이 가능하다. 아마존 알렉사의 생성형 AI가 탑재되어 있어서, 아마존 스마트홈과 연결하여 자

동차 안에서 집 안 상태 확인 및 기기 제어까지 연계할 것으로 예
상된다.

[그림 4-12] BMW 생성형 AI 출처: BMW

벤츠+Chat GPT

메르세데스 벤츠는 마이크로소프트와 협력을 통해서 인공지능
챗봇 '챗 Chat GPT'를 자체 인포테인먼트 시스템인 'MBUX Mercedes-
Benz User Experience'가 탑재된 자동차에 넣었다. 현재 벤츠에 탑재되
어 있는 음성비서 서비스를 통해서 스마트홈 제어 및 날씨 등 일
부 기능만 제공하고 있는데, 챗GPT 적용을 통해서 광범위한 주제
에 대해서 자세하게 대답할 수 있도록 업그레이드하였다. 자동차
안에서 수집된 음성 데이터는 자체 클라우드 Mercedes-Benz Intelligent
Cloud로 전달되고 자체 분석을 통해서 사용성 향상에 초점을 맞추
고 개선하여 서비스를 제공할 예정이다.

자동차 안에서 MBUX Voice Assistant를 통해 세부 목적지에 대

한 정보를 전달하고, 음식 레시피 제안 및 다양한 질문에 대해 정보 제공을 가능하게 함으로써, 벤츠의 프리미엄한 이미지에 생성형 AI 탑재를 통한 첨단화된 브랜드 이미지를 형성해 가고 있다.

[그림 4-13] 벤츠 챗 GPT 출처: Mercedes-Benz

현대자동차

현대자동차는 2019년 '연결의 초월성 Transcend Connectivity'을 제시하며, 다양한 분야와의 자유롭고 편리한 연결을 통해 고객의 라이프 스타일에 대한 가치를 높이고자 하는 목표를 설정했다. 목표 달성을 위해 집과 자동차의 연결인 '홈투카', '카투홈' 서비스를 선정했고, 국내 통신사와의 협력을 통해 자동차 안에서 집 안의 기기를 제어할 수 있는 서비스를 오픈하며 현대건설 등 건설사 대상으로 서비스를 확장해 가고 있다.

2024년 1월에는 삼성전자와 제휴 협력을 통해 차세대 스마트홈 서비스 제공을 위한 기반을 마련했다. 삼성전자의 스마트싱스 플랫폼과 현대차의 커넥티드 서비스 플랫폼 연동을 통해서 '홈투카', '카투홈' 서비스와 통합 홈에너지 관리 서비스를 제공하기 위한 협력을 시작했다. 스마트싱스 연동을 통해서 집 안에서 자동차 시동, 전기차 충전 상태 확인 등 이용 가능하고, 자동차 안에서는 집안의 기기들 상태 확인 및 제어가 가능하다. 추가로 스마트싱스에서 제공하는 모드 연결을 통해서 '기상모드', '귀가 모드' 등의 편리한 모드 사용뿐 아니라, 가정과 차량의 에너지 사용량을 통합 모니터링하는 기능까지 제공할 예정이다. 이를 통해서 아침에 알람이 울리면 집 안에 설정된 기기들이 세팅되고, 자동차 실내는 적정 온도로 맞춰 주어 출근길 차량 탑승 시 너무 덥거나 너무 추운 환경에서 벗어날 수 있다. 이처럼 자동차와 집 안을 제어할 수 있는 플랫폼 연결을 통해서 사용자는 편리한 라이프 생활을 즐길 수 있을 것이다.

[그림 4-14] 삼성전자 스마트싱스
'홈투카' 서비스

[그림 4-15] 현대차 내 스마트싱스 적용
'카투홈' 서비스

현대건설 '액티브 하우스 Active House'

건설사에서도 주거 공간과 연관 있는 다른 산업과의 연계를 통해서 시너지를 만들고자 새로운 서비스를 고민하고 있다. 현대건설에서는 하이오티 HioT 를 통해 스마트홈 서비스를 제공하면서 입주민을 위한 특화 서비스를 고민하던 중 '주차장 네비게이션' 기능을 담은 '엑티브 하우스' 서비스를 개발했다. 엑티브 하우스 서비스는 입주민과 아파트 단지를 방문하는 방문객에게 실시간으로 주차장 빈자리를 안내해 주는 주차장 네비게이션 기능이다. 지하 주차장 모니터링 시스템을 통해 주차 공간의 빈자리 안내 뿐 아니라, 전기차 충전, 장애인 주차장 등의 상태 확인을 할 수 있어 운전자가 아파트 단지 방문 시 편리하게 서비스를 이용할 수 있다.

[그림 4-16] 현대건설 엑티브 하우스 **출처: 현대건설**

엑티브 하우스 서비스는 입주민과 방문객이 아파트 단지 입차 시에 비어 있는 공간을 쉽게 찾아서, 주차장을 헤매거나 살고 있는 세대에서 먼 곳에 주차하는 불편함을 해소해 줄 것이다. 건설사가 관리하는 주차 유도 시스템의 실시간 정보를 아파트에 출입하는 자동차가 받아서 주차장의 상황을 확인하여 운전자에게 알릴 수 있도록 설계되었다. 추가로 전기차 충전 사용 유무, 선호 주차 구역 설정 및 차량 유도하는 기능 등의 업데이트를 통해 입주민들이 더 편리하게 이용할 수 있도록 할 계획이다.

이처럼 집 안과 자동차에서 제공하는 홈투카, 카투홈 서비스뿐 아니라 아파트 단지 내 인프라와 자동차 간의 연결을 통한 AI Home 서비스의 제공 범위도 확장되고 있다.

모빌리티와 AI Home의 결합

자동차는 연결커넥티드과 AI 기술이 만나서 모빌리티Mobility 시대로의 진화할 수 있게 되었다. 모빌리티 시대는 AI, 자율주행, 빅데이터 등의 기술 발전을 토대로 이동성을 혁신하고 새로운 서비스를 출시하면서 계속 진화해 나갈 것이다. 특히 AI Home 서비스와 모빌리티 서비스간의 관계가 계속 밀접해지는 경향을 보이고 있어 상호 융합을 통한 시너지 창출효과에 대한 기대감이 높아지고 있다.

모빌리티 시대에 AI Home과의 결합을 통해 발생될 시너지에 대해 예측해 보자면, 첫 번째는 퍼스널Personal 모빌리티의 경험이다. AI Home에서 누적되고 있는 데이터를 활용하여, 개인 일정 등을 고려한 최적화된 서비스를 제공할 수 있다. 사용자의 생활패턴과 선호도 등에 대한 데이터를 공유하고 분석하여 개인화 서비스를 제공할 수 있다. 예를 들면, 출퇴근 시간에 맞춰 자동차 시동을 켜 주거나 공유 자동차 서비스를 예약해 주는 등 실제 생활 패턴에 맞춰 모빌리티 서비스와 연계할 수 있다.

두 번째는 에너지 효율의 최적화이다. AI Home에서 사용하고 있는 에너지 사용량 중 전기차 충전 시 충전 진행 상황, 최적의 에너지 충전량 등 집과 차량 간의 에너지 상태 공유를 통해서 최적화할 수 있다. 가정의 에너지 사용 패턴이나 전기 요금이 낮은 시간대에 맞춰 충전 시간과 충전량 등을 조절할 수 있다.

세 번째는 생활 경험의 연결이다. 집과 자동차 사이의 연결을 통해 자동차를 타고 언제 돌아오든지 집 안에서 쾌적하게 생활하던 경험을 연속해서 누릴 수 있다. 예를 들어, 자동차가 집에 가까워지는 것을 인식하게 되면 집 안에서는 조명이 켜지고 난방을 조절하여 최적의 집 안 환경을 만들어 줄 수 있게 된다.

모빌리티 시대에서는 집 안뿐 아니라 도시 시스템 인프라와 연결하여 스마트 시티에서 제공하는 서비스까지 확장할 수 있을 것이다. 이 중 도심 항공 모빌리티 UAM - Urban Air Mobility 는 최근 관심이 급부상하고 있다.

[그림 4-17] 하늘을 나는 자동차 UAM 출처: Asian Aviation

UAM은 도심 내 빠르고 편리한 이동을 가능하게 하는 미래의 차세대 교통 체계로 전기 수직 이착륙 항공기 eVTOL 를 활용하여 지상 교통의 혼잡을 피해 상공으로 사람과 화물을 운송할 수단으로 활용될 것이다.

UAM의 주요 특징으로는 첫째, 지상 교통수단보다 훨씬 빠르게 이동할 수 있다는 점이다. 예를 들어, 서울에서 인천까지 자동차로 이동 시에는 1시간 이상 소요되는데 약 20분 만에 이동할 수 있다. 둘째, 택시처럼 원하는 출발지에서 원하는 도착지까지 편리하게 이동할 수 있다. 셋째, 전기로 작동하기 때문에 환경 오염을 줄일 수 있는 친환경이라는 점이다. 넷째, 기존 항공기보다 소음이 훨씬 적은 저소음으로 운행이 가능하다는 점이다.

이런 UAM이 실생활에 적용되면 출퇴근 시간을 크게 줄여 주고,

가까운 거리 여행이나 레저 활동에 활용될 수 있을 것이다. 그뿐만 아니라 응급 상황에 신속하게 대응하는 용도로도 활용이 가능하며 물류량이 많은 화물 운송에도 활용 가능할 것이다.

현재 여러 국가에서 UAM 개발 및 상용화를 위한 노력이 활발하게 진행되고 있다. 한국에서는 2025년경 상용화를 목표로 개발이 진행되고 있으며, 2030년까지 약 1,000대의 UAM 항공기가 운항될 것으로 예상된다. UAM은 도심 교통의 혼잡을 해결하고, 친환경 이동 수단으로써 새로운 도시 경험을 제공하는 미래 도시 교통의 필수적인 요소로 자리 잡을 것으로 예상된다.

UAM 기술이 AI Home 서비스와 결합한다면 AI Home 기반 UAM 예약 시스템, UAM 통근 서비스 예약, 효율적인 출발 및 착륙 지점 관리 등 AI Home 서비스를 활용하여 미래 도시에 대한 교통 효율성을 향상시키고, 개인의 편의성을 제고하는 방향으로 발전할 수 있을 것이다.

——— 4. AI Home x 헬스케어 Health Care

2024년 2월 스페인에서 열린 MWC Mobile World Congress 2024 행사에서 삼성전자는 갤럭시 링 Galaxy Ring 을 선보였다. 이름에서 알 수 있듯이 반지 Ring 모양의 웨어러블 디바이스는 건강 헬스 분야에 적용하여 개인별 맞춤형 건강 관리 경험을 제공하는 목적으로 활용될 예정이다. 개인 신체 건강 정보를 지속적으로 확보하기 위해서는 24시간 계속 착용을 해야 하는데, 기존 스마트폰, 스마트워치 등의 경우 항상 착용하지 않기 때문에 지속적으로 착용할 수 있는 위치를 고민하던 중 손가락에 끼는 반지Ring를 선택하게 되었다.

[그림 4-18] 삼성전자 갤럭시 링 출처: 삼성전자

갤럭시 링은 아직 제품 출시 전이지만 개인 건강을 위한 케어를 목적으로 하는 건강 상태 모니터링 기능, 수면 패턴 기능, 여성 건강 관리 기능 등이 탑재될 것으로 예상된다.

건강 상태 모니터링 기능은 심박수, 혈압 등 개인 건강 상태를 모니터링하고, 수면 패턴 기능은 수면 중의 심박, 호흡, 뒤척임 등의 소요 시간을 측정해 주며, 여성 건강 관리 기능은 여성의 생리 주기 및 건강 상태를 관리하는 기능으로 제공될 것이다. 개인 건강 정보를 점수화하여 '마이 바이탈리티 스코어My Vitality Score'로 제공되면 사용자들은 수치화된 정보를 볼 수 있어 건강 관리에 더 많은 관심을 가질 수 있을 것이다.

갤럭시 링뿐 아니라 핀란드 오우라 헬스Oura Health가 만든 '오우라 링_{Oura Ring}'도 역시 개인 건강 정보를 측정하는 도구로 사용되고 있다.

링 웨어러블 디바이스가 AI Home 서비스와 연결되면 개인 건강 상태를 토대로 취침 전후에 맞춰 집 안의 조명, 난방 등의 환경을 설정해 줄 수 있으며, 건강 상태가 나빠지면 자연스럽게 병원 예약을 제안하는 등 건강과 관련된 다양한 서비스 제공이 가능해질 것이다. 또한, 다양한 웨어러블 디바이스 간 연동을 통해서 구독 서비스 모델과 같은 새로운 수익 모델도 고려해 볼 수 있다. 이러한 다양한 가능성 때문에 삼성전자뿐 아니라 여러 기업들은 헬스케어를 사업화할 때 AI Home과 연계된 사업 모델을 적극적으로 구상하고 있다.

애플_{Apple}

전 세계 스마트워치 시장에서 선두 자리를 지키고 있는 애플의 워치는 단순하게 시간을 보는 시계로만 사용하지 않고, 개인 건강 관리 데이터를 축적하는 도구로 활용되고 있다. 애플은 자사의 홈 생태계와 헬스케어 서비스를 통합하는 데 관심을 기울이고 있다.

애플의 헬스케어 전략은 애플 제품을 사용하는 사용자들이 자신의 건강 정보를 중심으로 관리 및 활용할 수 있게 하는 데 중점을 두고 있다. 건강 데이터를 클라우드에 안전하게 저장하고 건강 Health 앱과 애플 워치를 통한 건강 및 피트니스 기능을 제공함으로써, 사용자들이 건강한 생활 유지할 수 있도록 한다. 또한 사용자의 건강 데이터를 저장 및 공유함으로써 담당 의사가 지속적으로 모니터링을 통해서 관리 할 수 있도록 도와준다.

[그림 4-19] 애플 헬스케어 페이지 **출처: 애플**

애플은 사용자에게 건강 및 피트니스 기능을 제공하여 더 나은 건강을 유지할 수 있게 도와주고, 의료 시스템과의 협력을 통해 건강 관리를 혁신하고자 한다. 애플은 자사의 디바이스 및 기술 플랫폼과 의료 기관과의 파트너십을 활용하여 Home과 헬스케어의 서비스 통합을 통해 더 연결되고 개인화된 건강 및 웰빙 솔루션을 구축해 가고 있다.

LH 한국토지주택공사

2021년 12월 LH에서는 시흥시 등과 협력하여 'LH 스마트홈 헬스케어 시범사업'을 추진한다고 발표했다. 단지 내 사물인터넷 IoT

건강 측정 장비를 설치하고 스마트폰 앱과 키오스크를 통해 입주민에게 스마트홈 헬스케어 서비스를 제공하여, 공공정보 연계형 건강 관리 시스템을 구축하는 것이 사업의 주된 목적이었다. 건강보험공단 검진 결과, 진료 및 투약 정보, 집 안의 홈IoT 기기를 통해 수집된 정보를 토대로 건강 상태 및 질병 예측 정보를 전달해주고, 주거지역의 감염병 정보 및 지역 보건소를 연계하여, 아파트의 모든 입주민이 맞춤형 건강서비스를 제공받을 수 있도록 하였다. 헬스케어 시범사업은 경기도 시흥 아파트를 대상으로 운영하면서 그 결과를 면밀히 분석하여 향후 다른 아파트 단지에 확산될 수 있도록 검토할 것이다.

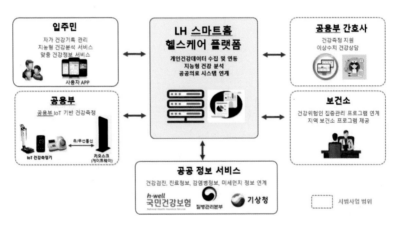

[그림 4-20] LH 스마트홈 헬스케어 시범사업 출처: LH

헬스케어와 AI Home의 결합

입주민 대상으로 포함하고 싶은 AI Home 서비스에 대한 조사 시 헬스케어 서비스는 항상 상위에 위치한다. 전 연령대 모두 호응도가 높은 것을 보면 이는 고령화 시대로 접어들고 있고, 코로나19를 겪으면서 남녀노소를 불문하고 건강에 대한 관심이 증가하였기 때문이라고 생각한다. 만약 헬스케어 서비스를 AI Home과 연계하려 한다면 최우선으로 고려해야 하는 사항은 개인정보 및 데이터 보안이다. 개인 건강 정보의 데이터는 매우 민감하기 때문에 안전하게 관리되어야 한다.

건강 서비스 사용자를 위해 직관적이고 사용하기 쉬운 서비스 화면을 제공하여야 하며, 다양한 건강 모니터링 장비와의 호환성도 고려해야 한다. 또한 측정되는 건강 데이터는 정확하고 신뢰할 수 있도록 수집 및 분석되어야 하며, 의료 전문가와의 원활한 연결이 가능하도록 설계되어야 한다. 헬스케어 서비스와 연계된 AI Home 서비스는 사용자의 건강을 지속적으로 관리하고, 필요한 의료 정보를 신속하게 제공함으로써 더 건강한 생활을 유지하는 데 도움을 줄 수 있어야 하고, 사용자에게 실질적인 가치를 제공할 수 있어야 한다.

5장

AI Home의 미래

AI Home의 미래

AI Home 서비스와 사업을 발전시키기 위해서 각 영역별로 어떤 준비를 해야 할까? 데이터, 디바이스, 서비스 모델, UI/UX 4가지 분야를 중심으로 향후 AI Home이 나아가야 할 방향에 대해 살펴보자.

1. 데이터의 중요성

집 안에서 사람들은 다양한 활동을 한다. 각각의 사람들이 하고 있는 행동들을 데이터화해서 관리한다면, 그렇게 관리된 데이터를 가지고 선제적으로 제안할 수 있다면, 계속되는 가정이지만 서비스를 제공하는 기업들은 사용자의 데이터를 활용한 AI Home 서비스를 제공하기 위해 고민하고 있다.

혼자 사는 사람, 친구와 함께 사는 사람, 가족과 함께 사는 사람 등 다양한 조합으로 우리는 집에서 생활하고 있다. 각자 집 안에서 지내고 있는 방식이 다르기 때문에, 개인별로 홈 서비스를 제공해 준다면 좀 더 편안하게 집 안에서의 생활을 할 수 있을 것이다.

개인화 서비스가 제공되는 방법은 집 안에 연결된 기기 환경에 따라 다를 것이다. 음성 인식 기반이라면, 개인별 목소리 분석을 통해서 특정 목소리의 사용자가 주로 하는 행동 패턴들을 학습할 수 있다. 예를 들어 아버지의 경우 매일 아침 7시에 출근 준비를 하면서, 거실이나 안방에 있는 TV를 켜고, 아침 뉴스를 본다면 데이터 분석을 통해서, 자동으로 매일 아침 7시에 TV를 켤지 선제적으로 물어보고 사용자가 동의하면 자연스럽게 안내 후 매일 아침 TV가 켜지는 서비스 제공이 가능하다. 또한, 집 안의 온도를 여름철에는 24℃로 유지하고, 겨울철에는 26℃로 유지하는 것을 선호한다면, 연결된 기기들이 자동으로 그 온도에 맞춰 집 안의 상태를 쾌적하게 유지하는 서비스도 가능할 것이다.

아파트에 살고 있는 경우 회사나 학교에 가려고 매일 아침 8시에 엘리베이터를 호출한다면 자동으로 엘리베이터가 해당 층수로 올라와 있어서 대기해 주는 서비스를 제공해 주고, 아파트 단지 내 커뮤니티 센터에서 헬스장 또는 독서실을 이용하는 경우, 자주 가는 시간 또는 비어 있는 시간에 맞춰 이용 가능 여부 등을 알려 주면서 사용자가 편리하게 단지 시설을 이용하는 데 도움을 주는 서비스 제공도 가능할 것이다.

이처럼 각 사용자의 데이터를 토대로 개인화 서비스는 직접 세팅하지 않아도, 스스로 먼저 제안해 주고 편리하게 이용할 수 있는 구조로 제공이 가능할 것이다. 물론 현재 기술로 100% 전부 동작할 수 없다고 생각한다. 하지만 기술의 속도가 생각보다 빠르게 진화하고 있기 때문에, 지금은 현재 제공 가능한 기술의 범위내에서 수집한 데이터를 활용한 서비스를 기획하고 적용하면서 점차 업그레이드해 나가야 할 것이다.

2. 똑똑해지는 AI Home 디바이스

2024년 출시된 삼성전자의 갤럭시24는 세계 최초 AI 폰이며, 주요 특징 중 하나가 On Device AI이다. On Device AI는 AI 기술이 디바이스에 탑재되어, 통신이 연결되지 않아도 자체적으로 AI 서비스를 제공할 수 있는 구조이다. 이전까지는 기기들이 통신을 통해 클라우드에 연결되어 서비스를 제공하는 구조였다면, 이제는 디바이스 자체 내 AI 기술을 탑재하며, 언제, 어디서나 사용할 수 있는 구조로 변경되는 것이다.

모바일 폰에서 시작된 On Device AI 구조는 AI Home 디바이스에도 적용될 수 있을 것으로 예상된다. 인터넷에 연결 없이도 AI Home 디바이스 자체적으로 판단하여, 집 안 환경과 상태에 맞게 서비스를 제공해 줄 수 있을 것이다. 사용자의 위치, 환경, 패턴 등을 고려한 개인화된 서비스 제공이 별도의 통신 연결 없이 직접 제공이 가능하며, 통신 장애 시 서비스를 제공받을 수 없었던 것과는 다르게 네트워크 연결이 끊기더라도 서비스가 중단되지 않고 집 안에서 계속 이용할 수 있게 될 것이다.

집 안에 설치되어 있는 월패드스마트 미러, AI 스피커스마트 스피커 등 On Device AI가 적용된다면, 여러 사용자가 각기 다른 디바이스로 접근하는 공용 기능에 대한 동기화를 고려하여, 디바이스별로 통신 연결이 안 되었을 때, 연결되었을 때 각각 제공하는 기능들을 구분하여 운용할 수 있는 하이브리드 서비스에 대한 고민이 필요할 것이다.

이제 시장에서 이야기되는 On Device AI 구조가 AI Home 디바이스 시장에 어떤 파급력을 줄 수 있을지는 계속 지켜봐야겠지만, 연결이 되지 않고도 자체적으로 동작하는 구조는 새로운 방식의 서비스를 제공할 수 있는 전환점이 되지 않을까 생각한다.

─────── ## 3. AI Home 서비스 모델

AI Home 서비스 사업자가 고민하고 있는 것 중 하나가 유료형 모델로 확장할 수 있는가이다. Home 디바이스를 제조하는 기업은 기기를 판매하면서 수익이 발생되고 Home 공간을 시공하는 기업건설사 등은 아파트 단지 분양판매을 통해 수익이 발생된다. 이들 기업은 기기와 공간 판매가 최우선이기 때문에 제공하는 Home 서비스는 본연의 사업에 도움되는 부가 서비스로 여기며 서비스 제공 비용을 별도로 책정하지 않고 무료로 제공해 왔다. 하지만 서비스를 이용하는 사용자가 늘어날수록 유지 운영비도 늘어나면서 AI Home 서비스에 대한 유료화 모델에 대한 고민이 생기기 시작했다.

기업에서 유료화를 고민할 때 가장 큰 허들은 소비자가 과연 요금을 지급하고도 기꺼이 사용할 만한 서비스를 제공할 수 있겠는가이다. 이미 무료 서비스라는 인식이 자리잡은 소비자들에게 추가 비용을 청구하는 모델을 개발하는 것은 쉽지 않을 수 있다.

하지만 소비자는 본인이 필요하다고 생각하는 것에는 기꺼이 비용을 지불할 의향이 있으므로 이런 사용자 관점에서 생각해 보면, 첫 번째 모델로 구독형 서비스를 시도해 볼 수 있다. 아마존은 아스트로 로봇에서 언급했듯이, 집 안의 로봇과 연계하여 아마존 링 보안 서비스를 구독형 모델로 판매하고 있다. 외부인이 출입을 시도할 때 로봇이 경고음과 알림을 제공하고, 아마존 링 카메라와 연동하여 집 안 전체를 감시해 주는 보안 기능으로 서비스를 구독하며 이용할 수 있다. 이처럼 단순 기기 판매에만 초점을 맞출 것이 아니라, 기기에 서비스를 연계한 구독형 모델을 설계하여 사용자가 보다 편리한 생활을 할 수 있도록 제안해 준다면 조금씩 구독형 상품에 관한 관심과 니즈가 생겨 날 것이다.

가전사에서도 구독형 모델 서비스에 대한 시도가 시작되고 있다. LG전자의 경우 2023년 1월부터 'LG Up 가전 2.0' 서비스를 출시하였다. 사용자가 가전을 구매한 이후에도 업그레이드를 통해서 개인 맞춤형 기능과 구독 서비스를 이용할 수 있는 것이 주요 특징이다. Up 2.0 가전은 사용자가 기기를 구매할 때부터 사용하는 기간 내내 제품과 서비스가 고객 개인의 취향에 맞춰지는 '초

개인화'에 초점을 두고 있다. 라이프 스타일에 맞춰 사용 기간, 기능, 서비스를 직접 조합해서 구독 가전을 설계할 수 있는 초개인화를 중심으로 향후 HaaS Home as a Service 로 가기 위한 사업 모델의 확장까지 고려하고 있다. 구독 서비스로는 세탁 서비스를 제공하는 런드리고 Laundry Go, 집을 청소해 주는 대리 주부, 우유 창고, 다락 등 생활형 서비스 제공 업체와 제휴하여 월 구독료를 내면서 이용할 수 있도록 설계했다.

삼성전자도 비스포크 큐커 오븐과 연동되는 'e식품관'과 연계하여, 재료를 저렴하게 구매하여, 재료에 부착된 바코드를 앱으로 찍으면 스마트싱스와 연결되어 큐커 오븐에 정보를 전송하고 그에 맞게 음식을 조리할 수 있는 '초연결' 방식의 구독형 서비스를 제공하고 있다. 파트너사의 직영 몰에서 식품을 월 구독으로 이용하게 되면 비스포크 큐커 제품을 저렴하게 소유할 수 있는 '마이 큐커 플랜' 서비스를 출시하여, 사용자에게 다양한 선택지를 제공할 수 있게 하였다.

이처럼 가전기기 구독 서비스를 통해서 사용자 입장에서는 초기 구매 비용을 줄이면서도 사용 데이터 등의 분석을 통한 여러 가지 기능과 콘텐츠를 제안받을 수 있어 생활의 편리함을 느낄 수 있다. 가전사 입장에서는 사용자와의 지속적인 관계를 유지하는 락인 효과가 생겨, 계속해서 사용하던 가전 제조사를 선택하는 충성 고객으로 전환하는 계기가 될 것이다.

두 번째 모델은 서비스 제공 기능에 따른 프리미엄 비용 모델 도입이다. 초기 스마트홈 서비스의 주요 특징은 연결된 기기 제어, 설정해 놓은 기기별 모드 제어 등 스마트폰 앱을 통한 기기 제어 중심이었다. 이후 AI 스피커스마트 스피커를 활용하여 음성 제어 기능까지 확대되어 있는 상태이나, 이미 사용자들은 해당 서비스 기능에 대해서는 무료로 제공되는 서비스로 인식하고 있다. 서비스를 제공하는 기업 입장에서는 사용자를 많이 확보하기 위해 무료로 서비스를 제공해 왔었지만, 서비스 사용자가 늘어날수록 발생되는 운영비 등에 대해 고민이 많아지고 있다. 지속 가능한 서비스 운영을 위해서는 서비스 유료화 모델로의 전환이 필수적이다. 기존에 제공해 온 제어 중심의 기능은 기본 무료 모델로 활용하고, 사용자에게 꼭 필요한 가치 있는 기능이 추가되면 프리미엄 모델로 구분해서 사용자가 비용을 지급하고 이용하는 방식으로 전환해야 할 것이다.

프리미엄 모델 아이템으로는 예를 들어 1인 가족을 위해 집 안의 조명 상태를 지속 관제하면서, 일정 기간 이상 동안 서비스 제어 기록이 없을 경우 지정한 보호자에게 알림 메시지를 주면서 안부를 확인해달라고 하는 가족 케어 서비스가 있을 수 있다. 또 최근 유행하고 있는 생성형 AI와 접목해서 사용자에게 선제적으로 제안해 주고 사용자가 주로 사용하는 것을 분석해 알아서 자동화해 주는 서비스 같이 사용자 관점에서 생활에 도움이 되고 유용한 서비스를 제공하여 사용자가 자발적으로 추가로 비용을 지불하게 만드는 프리미엄 모델에 대한 고민이 필요하다.

4. AI Home UI/UX

머지않아 국내외적으로 AI Home 플랫폼은 매터 표준으로 통일될 것으로 예상된다. 매터 표준이 확산되면 다양한 제조사의 디바이스를 하나의 플랫폼으로 연결할 수 있으므로 수요 측면과 공급 측면에서 모두 시장 참여자가 전폭적으로 늘어날 것으로 예상된다. 그렇게 되면 이제 AI Home이 주거 환경에 있어서 특별한 것이 아니라 당연한 것이 되는 시대가 도래할 것이다. 전자제품부터 가구, 주거 설비 등 집 안에서 사용하는 대부분의 기기가 인터넷으로 연결되어 있어 기기의 상태에 대한 정보를 확인할 수 있으므로 사용자는 언제 어디서든 자기가 원하는 대로 기기를 손쉽게 제어하는 것이 일상이 될 것이다. 또 AI 기술은 더욱 지능적으로 진화할 것이고, 그런 AI가 사용자의 주거 환경에 맞춰 추천해 주는 기능들은 더욱 유용해질 것이므로 반복되는 일상에서 AI가 추천해 주는 자동화 기능을 사용하는 사용자는 계속 늘어나게 될 것이다.

이러한 생활이 주거 트렌드가 되면 AI Home의 UI/UX도 변화가 예상된다. 여러 제조사의 다양한 디바이스를 하나의 모바일 앱이나 플랫폼을 통해 통합적으로 관리하고 제어할 수 있게 될 것이다. 하나의 플랫폼에 연결하고 제어하는 방식은 표준화하여 간소하게 적용될 것이므로 사용자는 복잡한 설정 과정이나 혼란 없이 쉽고 편리하게 사용자 경험을 누릴 수 있을 것이다. 기기 제어와 관련된 세부 화면에서도 표준화된 UI/UX 디자인이 적용될 것이므로 사용자는 학습하지 않아도 일관된 방식으로 사용할 수 있게 될 것이다.

다양한 기능이 하나의 앱이나 플랫폼으로 연결되어 복합적으로 결합된 서비스 제공이 가능하기 때문에 집 안의 많은 영역을 자동화로 설정하여 필요시에 알아서 동작하게 할 것으로 예상된다.

기업들은 사용자가 선택한 그 하나의 모바일 앱이나 플랫폼의 지위를 선점하기 위해 치열한 경쟁을 벌일 것으로 예상되는데, 이때 어느 기업이 자동화 설정에 대해 더 직관적이고 편리한 UI/UX를 제공해 주느냐, 또 생활에 유용한 자동화 서비스를 누가 더 많이 추천해 주느냐가 우위 선점의 핵심이 될 것이다.

이제 AI Home UI/UX의 방향은 평소에는 보이지 않다가 주변 환경에 존재하는 센서, 카메라, 마이크 등의 기술을 통해 사용자의 요구를 인식하고 사용자의 습관, 선호도 등을 학습하여 사용자가 필요한 상황에 알아서 기능을 수행하는 방식으로 진화할 것이다. 그러한 기술 방식을 의미하는 캄 테크Calm Technology와 앰비언트 인텔리전스Ambient Intelligence가 AI Home의 미래가 될 것이다.

주거 공간은 몸과 마음을 가장 편안하게 할 수 있는 가장 사적인 공간인 만큼 점점 많아질 기기에서 제공되는 수많은 정보에 사용자가 주의를 기울여 하나하나 제어해야 하기보다는 필요한 순간에만 사용자가 인지하여 가장 쉬운 방법으로 상호작용하거나, 알아서 필요한 기능을 자동으로 수행해 주는 숨겨진 UI/UX로 진화할 것이다.

맺음말
AI Home, AX 시대로의 준비

2024년 우리는 DX 시대를 넘어 AX 시대로 빠르게 진입하고 있다. AX 시대는 인공지능AI 기술이 사회 전반에 걸쳐 영향력을 미치며 기존의 방식을 혁신하고 새로운 가치로 창조되는 시대를 의미한다. 얼마 전 생성형 AI가 출시되면서 우리의 생활에 조금씩 영향력을 확대해 가고 있다. 딜로이트 인공지능 연구소에서 전 세계 16개국의 기업 임원들 약 2,800여 명을 대상으로 생성형 AI에 관한 설문조사를 진행하였는데, 그 결과에 따르면 응답자의 75%가 생성형 AI가 향후 3년 내 대전환을 촉발할 것이라고 응답했다. 그만큼 AI가 우리의 일상에 미치는 파급 효과가 아주 급속도로 커질 것으로 전망된다. 우리의 주거 공간인 홈에도 이제 AI 기술은 선택이 아닌 필수가 되는 AX 시대가 곧 도래할 것이다.

앞에서 시장의 흐름, 기업별 트렌드, 관련 산업들의 방향 등에 관해서 이야기했지만, AX 시대에 맞춰 홈 공간에서의 변화를 성공적으로 이끌어내기 위해서는 각 플레이어의 협력과 협업이 필수적이다. 디바이스 제조사들이 글로벌 매터Matter 표준에 맞춰 제품을 개발하고 출시함으로써 디바이스 연결에 대한 제약이 사라지고 확장성이 강화되는 것처럼 이제는 혼자서 모든 것을 다 할 수 없는 시대가 되었다. 디바이스 제조사, AI Home 서비스 제공사, AI 기술 개발사 등 다양한 분야의 기업들이 협력하여야만 사용자에게 가장 최상의 AI Home 서비스를 제공할 수 있다는 것을 의미한다.

AI Home 서비스를 제공하는 기업들 역시 지금까지 적용해 왔던 UI/UX 방식에서 벗어나 새로운 시각으로 AI Home UI/UX를 바라봐야 한다. AI Home 기술이 지능화되면 될수록 사용자가 직접 조작해야 하는 인터페이스UI는 축소될 것이다. 이제 스스로 학습하고 진화하는 생성형 AI가 알아서 사용자가 필요한 상황을 판단하고 그에 맞춰서 가장 쾌적한 환경을 조용히 조성해 주는 UX가 그 자리를 대체하게 될 것이다. 사용자가 자신의 루틴에 최적화한 기기 제어를 한번 설정해 두면 사용자는 아무런 액션을 하지 않아도 필요한 때 알아서 자동으로 실행되므로, 사용자는 그 환경에 자연스럽게 익숙해질 것이다. 한번 익숙해지면 불편하지 않은 이상 그대로 유지하려는 습성이 있기 때문에 기업들은 사용자가 자신의 시스템을 주력으로 사용하게 하기 위해 간소화된 UI와 사용자를 위한 다양한 편익을 자동화해 주는 UX를 제공하기 위해 노력해야 한다.

AX 시대에 최적화된 UI/UX를 시장에 발 빠르게 선보이고 그것을 기반으로 일상생활에서 영향력을 조용히 넓혀 가는 기업이 결국 시장을 선점하여 가장 많은 사용자의 선택을 받게 될 것이고, 그렇게 다수의 사용자가 이용하는 플랫폼을 제공하는 기업이 AI Home에서 주도권을 쥐게 될 것이다. 이러한 흐름에 따라 기업들은 AI Home 기술을 고도화하기 위한 노력과 함께 AX 시대에 걸맞은 UI/UX로 진화하기 위한 연구와 투자를 통해 경쟁력을 확보해야 한다.

AX 시대는 AI 기술의 융합을 통해 사회 전반에 걸쳐 긍정적인 변화를 만들어 나갈 중요한 시기가 될 것이다. 마치 20세기 초에 호롱불에서 전깃불로 한 차원 다른 진화를 했던 것처럼 우리의 주거 공간 역시 AI 기술의 적용으로 기존과는 차원이 다른 새로운 일상으로 변화하게 될 것이다. AX 시대는 여러 분야가 서로 협력하여 함께 성공적인 미래를 만들어 가야 할 것이다. 그리고 우리는 나은 삶을 누리게 해 줄 AI Home의 새로운 일상을 맞이할 준비를 지금부터 조금씩 해 나가야 할 것이다.

2034년 서울 에덴 아파트의 일상

어느 화창한 아침, 은수가 눈을 떴을 때 창문의 커튼이 부드럽게 열리며 아침 햇살이 방 안으로 들어왔다. 곧이어 AI 비서인 '루나'가 밝은 목소리로 아침 인사를 했다.

"은수 씨 좋은 아침이에요. 오늘은 맑고 화창한 날씨로 기온은 25도이고 습도는 50%예요. 야외 활동하기 딱 좋은 날이에요. 어제밤 숙면을 취하셔서 수면의 질이 15% 향상되었어요. 운동 루틴을 향상된 수면 질에 맞춰 변경해 드릴게요. 오늘은 어제보다 나은 컨디션으로 하루를 시작할 수 있을 거예요."

은수는 팔을 들어 크게 기지개를 켜며 머리를 좌우로 꺾어 보았다. 루나의 말대로 오늘은 한결 몸이 가벼웠다. 지난달에 은수가 일하느라 건강을 잘 돌보지 못하는 것이 걱정되는 엄마가 사 온 AI 링을 손가락에 끼고 잠을 잔 후부터는 AI 링은 은수가 자는 동안 수면의 질, 심박수, 산소 수준까지 모니터링을 해 주고 있다. 은수의 수면 패턴에 맞춰서 숙면할 수 있는 침실 환경을 세팅도 해주고, 잠자리에 들 시간 등 수면에 대한 조언을 해 주어서 더욱 편안하게 잠들 수 있게 되었다.

'진작 사용할 걸 그랬어.'

라고 생각하는데 루나가 알려주는 오늘의 일정이 귀에 들어왔다.

"오늘 오후 3시에는 사무실에서 홀로그램 화상 회의가 있고, 내일은 은수 씨의 생일이에요"

은수는 침대에서 일어나 열린 창문에서 들어오는 상쾌한 바람을 맞으며 욕실로 향했다. 욕실 거울에 비치는 은수 얼굴 옆으로 오늘의 날씨와 건강 상태를 보여 주는 정보 화면이 보였다.

은수의 피부 상태를 진단한 결과를 보니 비타민C와 철분을 조금 더 보충해 주라는 코멘트가 달려 있다. 루나가 은수에게 말했다.

"비타민 C와 철분제를 주문해 드릴까요?"

"그래 우선 2개월 복용할 양만큼 주문해 주고 다 떨어지기 전에 나한테 다시 알려줘. 그때 다른 제약사 약으로 바꿀지 아니면 계속 복용할지 결정할 거야"

하고 은수는 루나에게 대답했다.

샤워를 하고 나오니 기분이 아주 상쾌했다. 주방에서는 은수가 샤워하고 나오면 마실 수 있도록 은수 취향에 완벽하게 맞춰진 커피가 준비되고 있었다. 은수가 커피 향으로 가득 찬 주방으로 향하자 루나는 냉장고 안에 들어 있는 식자재를 스캔한 후 은수 건강과 취향을 고려한 아침 식사 메뉴를 추천해 주었다.

"아침 식사는 비타민C가 풍부한 천혜향 그리고 철분 함량이 높은 리코타 치즈 그린 샐러드, 오트밀과 블루베리 스무디를 추천해 드려요."

은수는 딱히 아침 생각이 없었는데 추천 메뉴를 들으니 아침 식사로 먹어도 괜찮겠다는 생각이 들었다.

은수는 루나가 알려주는 레시피를 따라서 간단히 아침 식사를 준비했다. 은수가 요리한 음식이지만 레시피를 정확하게 지켜서 만들어서 그런지 유명 셰프 못지않은 맛이 났다.

아침 식사를 하며 은수는 루나에게 이메일로 받은 오늘 오후 미팅 자료 화면을 띄워 달라고 요청했다. 은수는 자료를 꼼꼼하게 살펴보면서 정보가 더 필요한 부분은 루나에게 서치해 달라고 하며 미팅 자료를 보완했다.

은수의 꼼꼼한 성격을 잘 아는 루나는 자료를 서치할 때 2번 3번 크로스 체크를 하며 조사한 자료에 오류가 발생하지 않도록 더욱 신경 썼다.

회의 자료 준비를 정신없이 하다 보니 어느새 시간이 많이 흘렀다. 루나는 은수에게 이제 미팅 시간까지 1시간이 남아 나갈 준비를 해야 한다고 알려주었다.

은수는 오늘 사무실에 드론 택시를 타고 갈 생각으로 30분 정도 더 작업을 하고 마무리하였다.

드론 택시를 타면 은수가 자율 주행차를 타고 갈 때보다 사무실에 3배 정도 빠르게 도착할 수 있어서 급할 때는 자주 이용한다. 은수는 출근길에는 주로 이용하는데 자율주행차는 실시간으로 데이터를 분석하여 가장 덜 막히는 길로 경로를 수시로 변경하여 가장 빠른 길로 안전하게 데려다준다.

자율주행하는 차 안에서 은수는 휴식을 취하거나, 주요 뉴스를 보거나, 즐겨 보는 채널을 시청하면서 유의미한 시간을 보내곤 한다.

드론 택시를 타고 사무실에 도착한 은수는 회의실로 향했다. 회의실에는 뉴욕과 런던 그리고 두바이 지점에서 참석할 바이어들을 위해 홀로그램 화상회의 프로그램에 접속하고 있는 손 차장과 오프라인으로 회의에 참석할 임원들을 위해 테이블 위에 음료를 세팅하고 있는 주 대리가 보였다.

오늘 회의의 안건은 앞서가는 한국의 AI Home 기술을 소개하고 홀로 그램을 통해 직접 시연하여 글로벌 시장으로 확대하는 것에 관한 내용이다. 회의는 정시에 시작되었고, 아침에 회의 자료를 루나와 다시 한번 리뷰하며 정리한 덕분에 시연은 물론이고 질의응답까지 완벽하게 진행되었다.

오늘 회의에 참석한 사람들과 함께 저녁 식사를 하러 갔다.

은수가 했던 식당 만족도 평가, 식단 선호도, 실시간 번잡도를 기반으로 AI가 추천해 준 식당으로 갔다. 긴 대기 줄 없이 입장한 그곳에서 로봇 웨이터에게 메뉴를 추천받아 음식을 주문했다. 로봇 웨이터는 음식의 종류에 따라 어울리는 가성비 좋은 와인을 추천해 주었다.

맛있는 음식과 와인을 마시면서 직장 동료들과 담소를 나누다 보니 은수의 손가락에 있는 AI 링에서 알림이 울렸다. 회의가 끝나고 긴장이 풀린 데다 와인을 마셔서 그런지 은수의 심박수와 피곤 지수가 급속도로 올라가고 있었다.

은수는 집으로 돌아가 쉬어야겠다고 생각했다.

은수가 아파트 공동 현관에 진입하자 센서가 은수의 얼굴을 인식하며 자동으로 문을 열어 주고 엘리베이터를 불러 주어 바로 집으로 올라올 수 있었다.

공동 현관에서 센서가 은수의 얼굴을 인식했을 때 AI 비서인 루나도 은수가 도착했다는 정보를 받고 바로 은수를 맞이할 준비를 했다.

실내 온도를 24℃로 쾌적하게 맞추고 현관과 거실에 조명을 켜고 은수가 바로 목욕을 할 수 있도록 욕조에 은수가 좋아하는 37℃의 따끈한 물을 받기 시작했다.

그리고 은수가 명상할 때 즐겨 듣는 음악을 플레이했다.

지친 은수가 현관문을 열자, 루나가 반갑게 은수를 맞이했다.

"은수 씨 어서 오세요. 오늘도 고생이 많았어요. 욕조에 은수 씨가 씻을 물을 받아 놓았어요."

은수는 혼자 살고 있지만 루나 덕분에 한 번도 캄캄한 집에 외롭게 들어온 적이 없었다. 언제나 현관문을 열면 조명이 환하고 쾌적한 실내 공기가 가득한 집에 은수를 반갑게 맞아 주는 루나의 환영 인사와 함께할 수 있어서 좋았다.

욕실로 향한 은수는 잔잔하게 흘러나오는 은수의 취향 저격 음악을 들으며 욕조에 받아져 있는 버블 가득한 따뜻한 물을 보았다.

은수는 루나가 꼭 내 마음속에 들어왔다 나간 것 같다는 생각이 들었다.

따뜻한 물에 목욕을 하고 나왔더니 한결 피로가 풀리는 기분이 들었다. 은수의 피곤 지수가 정상으로 돌아온 것을 확인한 루나가 은수에게 오늘 집 안에 있었던 일을 브리핑했다.

"은수 씨가 요청한 대로 다음 달부터 단지 내 헬스장과 수영장에 수강 등록을 했어요. 냉장고에 소진되어 가는 식료품들이 자동으로 주문되어 배달되었어요. 오늘 아침에 주문한 비타민C와 철분제도 도착했어요. 그리고 친구들이 보낸 은수 씨의 생일 선물 택배가 도착했어요."

친구들이 보냈다는 선물 택배의 크기가 꽤 커서 은수는 내심 어떤 선물일까 궁금해졌다.

택배를 열어보니 은수가 정말 갖고 싶어 하던 AI 로봇 홈보트였다. 은수의 AI Home 생활에 루나와 홈보트도 함께 한다고 생각하니 가슴이 두근거렸다.

이제 은수가 집에 돌아오면 홈보트가 현관까지 마중 나와서 은수를 맞이할 것이다. 또 은수가 집 밖에 있을 때 집 안의 상태를 직접 봐야 하는 일이 생기면 홈보트가 해당 장소로 이동해서 은수에게 실시간 영상도 보내 줄 것이다.

홈보트를 세팅하다 보니 루나를 처음 만났던 때가 생각 났다. 지금은 루나 없는 삶은 상상하기도 싫지만, 사실 은수가 루나 없이 살던 때가 불과 10여 년 전이었다.

10여 년 전 AI 기술이 막 시작되던 그때만 해도 AI에 일일이 음성으로 명령을 내려야만 기능이 실행되었고, 그나마도 단순한 몇 가지 동작만 수행하는 정도 수준이었다. 그래도 그때는 그런 단순한 기술만으로도 신기해 하곤 했었다.

그러다 몇 년 사이 AI 기술이 눈이 부시게 발전하여 오늘날에 이르렀다. AI 기술이 우리의 일상에 들어온 후로 우리의 삶은 크게 변하였다. 이제 일상적인 잡무로 시간을 낭비할 필요가 없어졌다. 집마다 있는 AI 비서가 대부분의 잡무를 알아서 처리해 주기 때문이다. 사람들은 여유로운 시간을 활용하여 새로운 취미를 배우기도 하고 친구나 가족과 더 많은 시간을 보내고, 삶의 여유를 즐길 수 있게 되었다.

물론 은수 씨처럼 AI 업무에 종사하는 사람들은 조금 더 일이 많아지는 경우도 있긴 했다.

이런저런 과거를 회상도 하고, 신나는 마음으로 홈보트도 세팅하다 보니 어느새 밤늦은 시간이 되었다.
루나는 은수에게 이제 건강을 위해 자야 할 시간이라고 알려주었다.

은수가 침실로 들어가자, 루나는 암막 커튼을 닫아 주고 침실의 조도를 낮춰 주었다. 은수는 침대에 누웠다. 막상 자려니 잠이 안 와 뒤척였다.
"은수 씨 숙면을 위한 음악을 들려드릴까요?"
하고 루나가 물었다.
"그래"
은수는 루나가 선곡해 준 음악을 듣다가 따뜻한 우유가 숙면에 도움이 된다는 기사가 생각났다. 오늘 은수네 집에 처음 온 홈보트에게 따뜻한 우유 한 잔을 가져다 달라고 요청했다.

홈보트가 가져다 준 따뜻한 우유를 마시고 잠이 오는 음악을 듣다 보니 어느새 은수는 잠이 들었다. 루나는 조명과 음악을 모두 끄고, 은수가 가장 쾌적함을 느끼는 실내 온도와 습도로 조절했다. 그리고 혼자 사는 은수의 안전을 위해 외부 침입을 감시하는 방범 모드를 실행했다.

내일 아침 은수가 눈 뜨면 은수가 일일이 말하지 않아도 루나가 알아서 은수가 원하는 것을 해 주는 AI Home의 일상은 다시 시작될 것이다.

참고문헌

o 한국AI스마트홈산업협회 "스마트홈산업현황(21년 7월)" (한국AI스마트홈산업협회 홈페이지)
o 기획재정부 "지능형 홈 구축 확산 방향(23년 8월)" (기획재정부 홈페이지)
o LH 스마트홈헬스케어 시범 사업 보도자료 (21년 12월) (LH 홈페이지)

DX 디지털대전환 시대

AX 인공지능 대전환

AI Home + UI/UX

| 2024년 4월 22일 1판 1쇄 인 쇄 |
| 2024년 4월 29일 1판 1쇄 발 행 |

지 은 이 : 이정용 · 임재희 공저

펴 낸 이 : 박　　　정　　　태

펴 낸 곳 : **주식회사 광문각출판미디어**

10881
파주시 파주출판문화도시 광인사길 161
광문각 B/D 3층
등　 록 : 2022. 9. 2 제2022-000102호
전　화(代) : 031-955-8787
팩　 스 : 031-955-3730
E - mail : kwangmk7@hanmail.net
홈페이지 : www.kwangmoonkag.co.kr

ISBN : 979-11-93205-22-8　　93000

값 : 18,000원